职业院校
汽车类"十二五"规划教材

工业和信息化高职高专
"十二五"规划教材立项项目

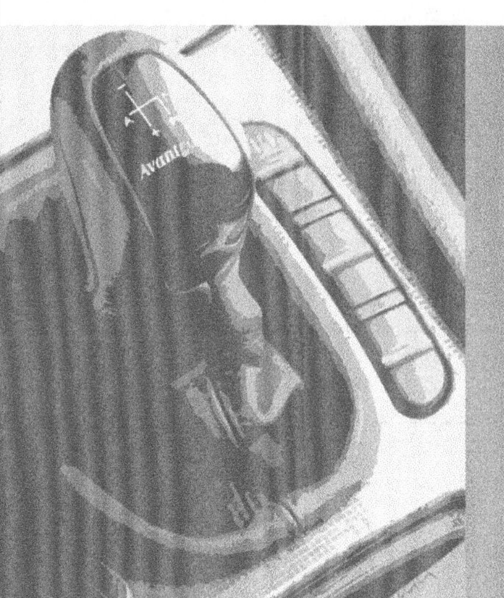

汽车故障诊断思路与排除方法

Automobile Fault Diagnosis and Elimination Methods

◎ 刘艳莉 主编

人民邮电出版社
北京

图书在版编目（CIP）数据

汽车故障诊断思路与排除方法 / 刘艳莉主编. -- 北京 : 人民邮电出版社, 2013.2（2023.2重印）
职业院校汽车类“十二五”规划教材. 工业和信息化高职高专“十二五”规划教材立项项目
ISBN 978-7-115-29318-3

Ⅰ. ①汽… Ⅱ. ①刘… Ⅲ. ①汽车－故障诊断－高等职业教育－教材②汽车－故障修复－高等职业教育－教材
Ⅳ. ①U472.4

中国版本图书馆CIP数据核字(2012)第223832号

内 容 提 要

本书力求理论与实践相结合，强调故障诊断思路，内容简洁实用。

本书内容主要包括汽车故障诊断概述、电控汽油发动机故障诊断与排除、底盘故障诊断与排除。本书系统地讲解各种汽车故障诊断思路与排除方法，内容新颖，实用性强。

本书可作为高职高专院校汽车类专业的教材，也可供汽车维修技术人员学习参考或培训用书。

工业和信息化高职高专“十二五”规划教材立项项目

职业院校汽车类“十二五”规划教材

汽车故障诊断思路与排除方法

◆ 主　　编　刘艳莉
　责任编辑　赵慧君
◆ 人民邮电出版社出版发行　　北京市丰台区成寿寺路 11 号
　邮编　100164　　电子邮件　315@ptpress.com.cn
　网址　https://www.ptpress.com.cn
　北京天宇星印刷厂印刷
◆ 开本：787×1092　1/16
　印张：9.25　　　　　　2013 年 2 月第 1 版
　字数：218 千字　　　　2023 年 2 月北京第 6 次印刷

ISBN 978-7-115-29318-3

定价：21.00 元

读者服务热线：(010) 81055256　印装质量热线：(010) 81055316
反盗版热线：(010) 81055315
广告经营许可证：京东市监广登字 20170147 号

前言

随着汽车工业的发展，汽车技术日新月异，特别是大量新技术的应用，使得汽车更加智能化和电子化，相应地，汽车故障诊断的难度也越大。为满足汽车检测与维修专业教学的需要，我们结合多年的实践、教学及培训经验，参阅了大量文献，编写了本书。

本书共包括三大部分，第一部分为汽车故障诊断概述，第二部分为电控汽油发动机故障诊断与排除，第三部分为底盘故障诊断与排除。本书注重理论与实践的结合，力求简洁实用，培养学生正确的汽车故障诊断思路，以及技术应用能力。

本书的参考学时为60学时，其中实践环节为20学时，各章的参考学时参见下面的学时分配表。

章　节	课程内容	学时分配	
		讲　授	实　训
第1章	汽车故障诊断概述	6	4
第2章	电控汽油汽车发动机故障诊断与排除	18	8
第3章	底盘故障诊断与排除	16	8
课时总计		40	20

本书由长春汽车工业高等专科学校刘艳莉主编，其中，刘艳莉编写了第1章，刘艳莉、李东兵共同编写了第2章，邱艳芬、许大伟共同编写了第3章。参加本书编写工作的还有赵宇、张军、赵晓宛、张永钊、石庆国等。

本书在编写过程中，参考了大量国内外相关著作和文献资料，在此一并向有关作者表示真诚的感谢。

由于编者水平有限，书中不妥之处在所难免，恳请广大读者批评指正。

编　者

2012年8月

第 1 章　汽车故障诊断概述……1
1.1　汽车故障诊断基本知识……1
1.1.1　故障的分类……2
1.1.2　汽车故障的原因……3
1.1.3　汽车故障的变化规律……4
1.1.4　汽车零件损坏原理……5
1.2　汽车故障表现及常见诊断方法……6
1.2.1　汽车故障的表现……6
1.2.2　汽车故障诊断的基本原则……7
1.2.3　汽车故障诊断方法……8
1.3　汽车的基本检查……11
复习题……14
第 2 章　电控汽油发动机故障诊断与排除
2.1　电控汽油发动机故障诊断基本知识……15
2.1.1　汽油发动机故障诊断核心……15
2.1.2　电控汽油发动机故障诊断步骤……17
2.2　电控发动机常见故障诊断与排除……18
2.2.1　曲柄连杆机构及配气机构常见故障诊断与排除……18
2.2.2　汽油供给系统故障诊断与排除……29
2.2.3　润滑系统故障诊断与排除……34
2.2.4　冷却系统故障诊断与排除……42
2.2.5　点火系统故障诊断与排除……46
2.2.6　发动机起动系统故障诊断与排除……55
2.2.7　发动机综合故障诊断与排除……57
复习题……77
第 3 章　底盘故障诊断与排除
3.1　传动系统故障诊断与排除……79
3.1.1　离合器故障诊断与排除……80
3.1.2　手动变速器故障诊断与排除……88
3.1.3　万向传动装置故障诊断与排除……96
3.1.4　驱动桥故障诊断与排除……98
3.1.5　传动系统异响故障诊断与排除……102
3.1.6　自动变速器故障诊断与排除……102
3.2　行驶系统故障诊断与排除……116
3.2.1　行驶系统常见故障现象及原因……116
3.2.2　行驶系统故障诊断方法与规律……118
3.2.3　行驶系统常见故障诊断与排除……119
3.3　转向系统故障诊断与排除……122
3.4　制动系统故障诊断与排除……128
3.4.1　液压制动系统故障诊断与排除……128
3.4.2　气压制动系统故障诊断与排除……133
3.4.3　ABS 系统故障诊断与排除……137
复习题……142
参考文献

第1章 汽车故障诊断概述

学习目标

1. 了解汽车故障的成因及变化规律，正确叙述汽车故障诊断常用方法。
2. 掌握故障现象的表现。
3. 掌握汽车故障诊断的多种方法。
4. 掌握汽车的基本检查。

世界范围内已知的汽车品牌约 6 000 余个，每年还在以数以千计的速度递增，随着汽车工业的发展，汽车保有量迅猛增长。汽车保有量增加，维修任务量相应加大；特别是近年来汽车电子技术发展十分迅猛，大量的新型电子装备和新式控制方式在汽车上被广泛采用，汽车结构日益复杂，使得汽车电控故障诊断的技术含量越来越高，因此，需要具有高级技术的维修人员，单纯凭经验进行汽车维修已不能适应现代汽车技术要求。

在车辆技术排除故障中，查找故障的时间为 70%左右，而排除与维修的时间占 30%。车辆结构日益复杂，使故障诊断的地位越来越重要。

1.1 汽车故障诊断基本知识

汽车是由各总成和零部件组成的，结构复杂。作为一种在移动中完成工作的机械，与其他任何机械设备相比，汽车的使用条件非常恶劣，既要经受风吹雨淋日晒，又要承受温度的剧变和剧烈的振动。因此，汽车在使用的过程当中，由于种种原因，其技术状况不可避免地会发生变化，有时甚至导致汽车发生故障。

汽车在使用过程中出现故障，其原因既有主观方面的，也有客观方面的。主观方面主要包括设计制造、材料选择、自然老化等；客观方面主要包括工作条件、使用维护等。汽车故障一旦出现，就应借助一定的方法手段、利用必要的仪器设备、通过正确的逻辑判断，查找出导致故障的真正原因，并及时予以排除，使汽车尽快恢复正常工作状态，以利于延长汽车使用寿命，提高工作安全性。

汽车故障是指汽车部分或完全丧失工作能力的现象。绝大多数汽车故障的发生都是因为汽车零件本身或零件之间配合状态发生了异常变化引起的。汽车故障虽然种类较多，且故障的产生从一定程度上看似乎有很大的偶然性，但汽车故障也有其变化规律，绝大多数故障是有迹可循的。

1.1.1 故障的分类

汽车故障按故障性质、状态的不同可分为如下几种类型。

1. 按工作状态分类

按工作状态，汽车故障分为间歇性故障和永久性故障。

① 间歇性故障有时发生，有时消失。

② 永久性故障是故障出现后，如果不经人工排除，它将一直存在。

2. 按故障形成速度分类

按故障形成速度，汽车故障分为急剧性故障、渐变性故障和突发性故障。

① 急剧性故障是故障发生后，工作状况急剧恶化，不停机修理，就不能正常运行。

② 渐变性故障发展缓慢，故障出现后一般可以继续行驶一段时间后再修理。

③ 突发性故障。在故障发生的前一刻没有明显的故障表现，故障发生往往导致汽车功能丧失，甚至引发人身、车辆安全。

3. 按故障的程度分类

按故障的程度，汽车故障分为局部功能故障和整体功能故障。

① 局部功能故障是指汽车某一部分存在故障，这一部分功能不能实现，而其他部分功能仍完好。

② 整体功能故障虽然可能是汽车的某一部分出现了故障，但整个汽车的功能不能实现。

4. 按照故障的严重程度分类

按故障的严重程度，汽车故障分为轻微故障、一般故障、严重故障、致命故障。

① 轻微故障。一般不会导致汽车停驶或性能下降，不需要更换零件，用随车工具作适当调整即可排除，如点火时刻、喷油时刻不正确、怠速过高等。

② 一般故障。导致汽车停驶或性能下降，但一般不会导致主要部件和总成的严重损坏，可更换易损零件或用随车工具在短时间内排除，如来油不畅，滤清器脏、堵，个别传感器损坏。

③ 严重故障。可能导致主要零件的严重损坏，必须停车，并且不能用更换零件或用随车工具在短时间内排除，如发动机拉缸、抱轴、烧瓦、打齿等。

④ 致命故障。可能引起车毁人亡的恶性重大事故，如柴油机飞车、连杆螺栓断裂、活塞碎裂、制动系统失效等。

1.1.2 汽车故障的原因

汽车在使用过程中难免会产生各种各样的故障，而零件的失效是引起汽车故障的主要原因。汽车零件失效的影响因素很多，主要有设计制造、工作条件和使用维护3个方面。

1. 设计制造上的缺陷

设计不合理是汽车零部件损坏及导致汽车故障的起源。如轴类零件截面变化太突然、孔类及槽类零件截面削弱等都会产生应力集中，从而引起汽车零件的早期损坏；更有甚者，某些零部件在设计时就存在缺陷，比如对其受力状态考虑不全面或是对其在汽车行使时的运动轨迹、振动幅度等考虑不周，都会导致汽车在工作时机件发生磨蹭、刮擦、冲击，使机件产生损坏，从而引起汽车故障。

材料选择不当也必然会引起汽车故障。在选择零件材料时要综合考虑强度、硬度、韧性及耐磨、耐热、耐腐蚀等多种性能，否则由于某些方面不能满足实际要求，必然会引起故障。

制造质量不过关亦可引发汽车故障。零件制造工艺不合理、加工过程操作不当、加工及装配精度不够等，均会影响汽车零件的机械性能，从而使汽车产生故障。

2. 工作条件

汽车故障与汽车零部件的工作条件有着至关重要的关系。工作条件包括受力状况和工作环境两方面。汽车零件在工作中有可能承受弯曲、拉伸、压缩、扭转、冲击、振动等多种载荷的作用，有些零件工作条件十分恶劣，甚至同时承受多种载荷的联合作用，当这些载荷超过零件承受极限或载荷的作用达到一定次数时，将导致汽车零件的失效。

有些汽车零件在不同工作介质及工作温度下工作，将引起零件的应力变形、磨损、腐蚀及材料性质发生变化等，使汽车的零部件发生损坏。

3. 使用因素及维修不良

① 汽车外部的使用条件复杂。汽车外部使用条件主要是道路与天气情况。在坎坷崎岖的路面行驶，车辆剧烈跳动，悬架、车架、轮胎及其他一些机件受到振动、冲击，超过疲劳强度时将发生损伤，出现故障；在山区行驶，会造成制动器的早期磨损。

在严寒低温时，发动机起动困难，起动次数增多，致使起动机件、气缸壁、活塞环等使用寿命缩短；同时，燃油难以雾化，液态燃油稀释气缸壁上的润滑油，造成缸壁加速磨损；在盛夏高温时，润滑油黏度下降，运动机件磨损加剧；酷暑时节，轮胎易爆胎、发动机易过热。

② 燃油、润滑油使用不当。正确使用燃油、润滑油，是保证汽车正常行驶、减少故障和延长使用寿命的重要因素。

如要求使用97号汽油的汽车，改用93号汽油，发动机就会发生爆震，冲坏气缸垫或烧毁活塞顶，并使动力性能下降；柴油机在严寒地区使用高凝点的柴油，会使起动困难；电喷发动机要求使用无铅汽油，若使用含铅汽油，会导致氧传感器铅中毒，造成发动机动力性下降。

润滑油黏度过稀或过稠、性能不好，会使零件因润滑不良而容易磨损，磨合期使用标号不对的机油，会导致拉缸。

③ 驾驶操作不当、使用不当。汽车驾驶员对汽车日常维护、操作技术、故障处理，对新车型、新装置使用注意事项的掌握，直接影响汽车技术状况的变化。汽车驾驶员的素质会使汽车大修间隔里程有较大的变化。

汽车驾驶员若是技术不熟练，行车中频繁制动，将加速制动系统和行驶系统损坏，变速换挡不熟练，则将造成打齿，造成变速器齿轮早期磨损。

汽车的额定载重量是由发动机的功率和车架、悬架、轮胎的承载能力规定的，在使用中经常超载，各系统、零件长时间超负荷工作，会出现早期损伤，导致故障发生。

④ 维护保养不当。汽车维护和保养是确保汽车技术状况完好，减少事故发生的重要技术措施。不按时、不按标准对汽车进行保养和修理，事故将不可避免。

⑤ 维修质量差。维修人员素质低，水平低，检测维修设备不齐全，配件质量差，也会使行驶故障增多。

4. 零件失效

汽车作为一种运输工具，长期在各种条件下工作，零件材料自然会发生渐进性的变化，使零件的形状、尺寸、表面乃至内在质量、配合副的相互位置及配合性质等将会产生不可逆转的变化，造成零部件、总成及整车技术状况下降，严重的还会因零件的断裂等造成行车事故，带来不可估量的损失。材料的自然失效（也称老化）尤以橡胶和塑料最为严重，因此在进行总成修理时，必须更换所有橡胶类零件。一些重要的橡胶件如各种膜片、某些橡胶密封圈及垫片等，必须按维修资料的规定及时更换，以免引起汽车故障，甚至酿成交通事故。

1.1.3 汽车故障的变化规律

汽车故障的出现有一定规律，这种规律用故障率来表示。

汽车的故障率是指汽车发生故障的频率随行驶里程或行驶时间而变化的规律。了解和掌握这一规律，对正确使用和维护车辆，准确及时判断和排除故障，优质高效地修理汽车都有重要意义。图 1-1 所示为汽车的故障率曲线，图 1-1 中横坐标 t 代表时间（行驶里程），纵坐标 λ 代表故障率。曲线两端高、中间低平，呈浴盆状，也称“浴盆曲线”。

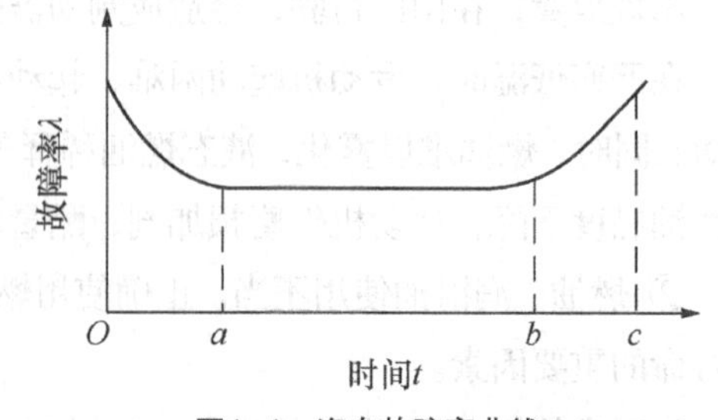

图1-1 汽车故障率曲线

$0a$—早期故障期；ab—随机故障期；bc—耗损故障期

为分析故障规律，将曲线分为三段，对应故障率随时间变化的三个时期。

① 早期故障期（$0a$）是新车或刚大修过的汽车使用初期。由于材料缺陷、零件加工刀纹及残留物、工艺过程引起的应力、装配与调整的质量不适应汽车使用条件等，使故障率较高。随着磨合期的结束及磨合维护的完成，故障率迅速下降。

② 随机故障期（*ab*）是汽车的正常使用时期，故障率较低，不随时间而变化。曲线平坦，看不出变化规律，故障的出现是随机的。

③ 耗损故障期（*bc*）是随着行驶里程的增加，汽车零件失效增多，可靠性下降，故障率急剧上升，进入换件（定期更换易损件）、大修或报废期。

1.1.4 汽车零件损坏原理

1. 磨损

磨损是指有相对运动（或趋势）的零件工作表面，由于摩擦而不断损耗的现象。据统计，汽车零件的75%是因为表面磨损导致工作性能下降而报废的。按照磨损的原理，磨损可分为磨粒磨损、黏着磨损、疲劳磨损和腐蚀磨损4种主要类型。

① 磨粒磨损。磨粒磨损是指在相互摩擦的两表面间，由于硬质颗粒的存在而引起零件表面磨损的现象。减小磨粒磨损的主要措施是防止外来磨粒进入和防止摩擦表面间产生磨粒。

② 黏着磨损。黏着磨损是指在相互摩擦的两表面之间，由于温度较高，使摩擦表面的金属局部熔化发生转移黏附在相接触的零件表面的现象。严重的黏着磨损会产生零件表层金属内部撕裂，引起摩擦表面咬粘，即两摩擦表面黏附在一起，导致相对运动终止，造成机械事故，曲轴烧瓦和发动机拉缸即属此类。

③ 疲劳磨损。疲劳磨损是指在周期性载荷长期作用下，相互接触的零件表面产生塑性变形及应力集中，导致形成微观裂纹，随摩擦进程的延续，微观裂纹进一步扩大并交织在一起，最后大面积剥落的现象。疲劳磨损是汽车滚动轴承、齿轮及凸轮等零件的主要磨损形式。

④ 腐蚀磨损。腐蚀磨损是指因材料与周围介质发生化学或电化学反应而引起零部件表面材料损失的现象。曲轴轴颈、气缸、活塞销、齿轮表面都会产生氧化磨损。

2. 变形

汽车零件的变形是指在使用过程中，由于受外部载荷及内部应力等因素的共同作用，零件的形状和位置发生了不能自行恢复的变化。随着使用时间的增加，汽车零件发生变形是不可避免的，零件变形后将对零部件、总成乃至整个汽车的工作能力及使用寿命有很大影响，因此零件的变形是引起汽车故障的主要原因。

3. 断裂

汽车零件在承受较大静载荷、动载荷或达到材料的疲劳极限时，有可能出现断裂。断裂也是汽车零件的常见故障之一，这种故障具有突发性，往往酿成重大事故。

4. 腐蚀

汽车零件的腐蚀是指汽车零件接触各种介质后发生反应而造成零件损坏的现象。防止腐蚀的最有效办法是在金属表面覆盖保护层，以隔绝金属与介质的直接接触。采取的具体措施有喷油漆、纯化处理、镀金属层（如镀铬、镍）等。

1.2 汽车故障表现及常见诊断方法

1.2.1 汽车故障的表现

汽车故障的现象是故障的具体表现，现代汽车结构复杂，出现故障多种多样，对其归纳分类，有助于故障成因和部位的诊断。

1. 工况异常

工况异常就是指汽车的工作状况突然出现了不正常现象。这是比较常见的故障症状。例如，发动机突然熄火后再发动困难，甚至不能起动；发动机在行驶中动力性突然下降，行驶无力；行驶中，水箱开锅；制动跑偏；转向沉重；转向灯不亮等。这些故障现象明显，容易察觉，但其原因复杂，而且往往是由渐变到突变，涉及较多的系统。如起动困难的故障原因涉及到发动机起动系统、点火系统、供给系统及机械部分。因此，在诊断时应认真分析突变前有无可疑现象，去伪存真，判明故障的位置。

2. 声响异常

有些故障，往往可用引起汽车发动机或底盘部分的不正常响声，这种故障症状明显，一般可及时发现，甚至一些声响异常的故障能酿成机件的大事故，因此要认真对待。经验表明，凡响声沉重，并伴有明显振抖现象的故障多为恶性故障，应立即停机，查明原因。一般，异响常因造成的原因不同而使响声规律不同，在判断时，正确分辨仔细查听，出现异响部位预示着配合零件可能装配不当、零件变形、配合副磨损造成配合副间隙不合适。

3. 温度异常

过热现象通常表现在发动机、变速器、驱动桥、制动器等总成上，以及一些电器元件上。在正常情况下，无论汽车工作多长时间，这些系统、机构的温度均应保持在一定的工作范围内，超过这个工作范围，即为温度异常。如发动机，载重车正常冷却系统温度80℃～90℃、轿车冷却系统温度为85℃～115℃，超过此温度范围为发动机过热。

对于变速器、主减速器、制动器、电器元件，这些部位正常的工作温度为50℃左右，若用手触试感到烫手难忍，即表明该处过热。

4. 排气异常

发动机在工作过程中，正常的燃烧生成物是CO_2和水蒸气，应为无明显颜色的烟雾，若燃烧不正常，烟雾的颜色将发生改变，将会排黑烟、蓝烟、白烟。排黑烟主要是燃料燃烧不完全，含有大量的碳粒、碳氢化合物、CO；排蓝烟主要是因为机油进入燃烧室燃烧所致；排白烟是因为燃油中进水。排气不正常已成为发动机故障诊断的重要依据。

5. 消耗异常

燃料、润滑油消耗异常也是一种故障现象，燃油消耗增多，一般为发动机工作不良或底盘（传动系统、制动系统）调整不当所致。

润滑油消耗异常，除了渗漏原因外，多为发动机存在故障，同时若伴有排蓝烟，一般为润滑油进入燃烧室被燃烧所致。如果发动机在运行中，机油量有增无减，可能是冷却水或汽油掺入。因此，燃油、润滑油消耗异常是发动机存在故障的一个标志。

6. 气味异常

汽车在运行中，如有制动拖滞、离合器打滑，则会散发出摩擦片的焦臭味；发动机过热、机油或制动液燃烧时，会散发出一种特殊气味；电路断路、搭铁导线烧毁也有异味。行车中一经发觉，即应停车查明故障所在。

7. 失控或抖动

汽车或总成工作时，可能会出现不能操纵、操纵困难或失灵，有时会出现不允许的自身振抖，如定位不正确而出现的前轮摆振或跑偏；由于曲轴或传动轴动平衡不好而产生的发动机或传动系统在运转中的振抖。

8. 渗漏

渗漏是指燃油、润滑油、冷却水、制动液（或压缩空气）动力转向油的渗漏现象，也是一种明显的故障现象。渗漏易造成过热、烧损及转向、制动失灵的故障。

9. 外观异常

将汽车停放在平坦路面上，检查外形状况，如有横向或纵向的倾斜。其原因多为车架、车身、悬挂、轮胎等出现异常，这样会引起方向不稳，行驶跑偏、轮胎早磨等故障。

也有一些电气系统故障呈现出外观异常，如大灯不亮、转向灯不亮。

1.2.2 汽车故障诊断的基本原则

汽车故障诊断的基本原则可概括为搞清现象、结合原理、区别情况、周密分析、从简到繁、由表及里、诊断准确、少拆为益，具体如下。

1. 抓住引起故障现象的特征

先全面搜集、了解故障的全部现象，弄清故障是使用中逐渐出现的，还是突然出现的，是保养出现的还是大修后出现的；在什么情况、条件下现象明显；在允许条件下，改变汽车工作状况了解现象的变化，从中抓住故障现象特征。

2. 分析造成故障原因的实质

任一故障的发生总是由一、二个实质性的原因造成，必须经过分析确定后再查找，以免走弯路。如发动机排气管排黑烟，实质是燃烧不完全，故应抓住油、气及其混合的关键。而要能准确抓住关键必须熟悉汽车的结构、工作原理及正常工作所具备的条件。

3. 避免盲目性

在诊断故障过程中，尽量避免盲目的拆卸，否则将造成人力、材料和时间的浪费；同时更要注意防止因不正确的拆卸而造成新的故障。

1.2.3 汽车故障诊断方法

现代汽车性能越来越完善，结构也越来越复杂，对汽车故障进行诊断的难度也不断增加，这就要求维修人员首先要了解故障现象，然后结合其工作原理进行周密分析，按一定思路进行排查，最后准确判断故障部位及原因。

故障诊断按其诊断的深度可分为初步诊断和深入诊断。初步诊断是根据故障的现象，判断出故障产生原因的大致范围。深入诊断是根据初步诊断的结果对故障原因进行分析、查找，直到找出产生故障的具体部位。汽车故障常用的诊断方法有直观诊断、经验诊断、仪器诊断法、故障征兆模拟诊断和利用故障诊断树进行诊断等。

1. 直观诊断方法

直观诊断法主要是靠维修人员的观察、感觉，应用简单的工具，将个别症状放大或暂时消除的方法来诊断和处理，此方法使用相当普遍。直观诊断法有问、看、听、嗅、摸和试6种方法。

① 问。“问”就是调查。在诊断故障前，应先问明有关情况。如车辆已驶过的里程、近期的保修情况，故障发生前有何征兆以及故障发生的过程是渐变的还是突变的等。情况不明，便盲目诊断，往往影响排除故障的速度。因为有的个别故障属于汽车使用过程中的必然现象，而有的故障则是由于对汽车的使用维护不当所造成的。有经验的维修人员，在平时汽车故障诊断经验积累的基础上，对有些常见故障或某种车型的普遍故障，通过“问”即可准确地判断出来。

② 看。“看”就是观察。即通过观察车辆外表反映出来的现象，再结合其他情况，来判断车辆的故障。比如，看燃油管、制动油液管、冷却液管及其接头是否变形、松动或泄漏；各种导线是否连接牢靠；各警告灯是否正常闪烁；各种仪表指示是否正常；轮胎磨损是否过度，排烟是否正常等。

③ 听。“听”就是听异响。一般是在汽车工作时查听有无敲缸、皮带打滑、机械撞击、异常摩擦、排气管放炮等杂音及异响。汽车整车及各总成、各系统在正常工作时，发出的声音一般都是有一定规律的，通过仔细辨别能大致判断出声音是否正常，根据异响特征甚至可直接判断出故障的部位及原因。

④ 嗅。“嗅”就是凭借嗅觉检查发动机、底盘和电器部分在运行中有无异常气味，以诊断其工作是否正常。有些故障发生时会产生不正常的气味。比如，由离合器摩擦片、制动蹄片有无烧蚀时的焦烟味来诊断离合器是否打滑、烧蚀或制动蹄是否拖滞，由有无导线绝缘烧焦的橡皮臭味来诊断电路是否有短路或者过载故障；由发动机排出废气有无很浓的生油味来诊断混合气是否过浓。对于异常气味决不可以掉以轻心，尤其是在行车中，一旦闻到电线烧着似的橡皮臭味，便应立即靠边停车，查明原因，防止火灾的发生。

⑤ 摸。“摸”就是用手接触机件的工作温度及其振动情况，以诊断有关系统工作是否正常。通常表现在发动机、变速器总成、驱动桥总成及一些电器元件上。在正常情况下，无论汽车工作多长时间，这些总成均应保持一定温度，除发动机外，倘若用手触摸这些总成时，感到烫痛难忍，即表明该处过热，说明此处有故障。

⑥ 试。“试”就是实地试验。通过试车来找出故障的部位，也可以通过试火来寻找电路故障。比如，火花塞断火可以检查气缸的工作情况，通过更换零部件可以证实故障的部位，在检查点火线圈、调节器、继电器和各类仪表时可用此法。

故障的直观诊断并无严格的程序，需要根据具体情况灵活运用。一般通过“问、看、听、嗅、摸、试”得到故障信息，进一步综合分析，都能准确、迅速查处故障。

2. 经验诊断法

（1）隔除法。隔除法是指部分地隔除或隔断某些系统、某些部件的工作，通过观察故障现象的变化来确定故障范围或部位的方法。

发动机故障诊断。当隔除或隔断某些系统、某些部件后，若故障现象立即消失，则说明故障发生在此部位或与此部位有关；若现象仍然存在，说明故障在其他部位。如用单缸断火法（或单缸断油法）来判断故障缸。当发动机排蓝烟，将某缸断火，蓝烟消失，该缸为故障缸。用此方法还可判断发动机排黑烟、白烟、发动机异响、发动机抖动等故障。单缸断火法如图1-2所示。

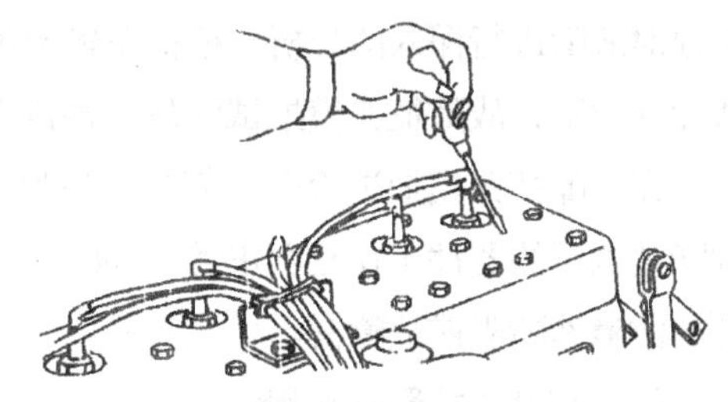

图1-2 单缸断火法

底盘故障诊断。可用断续切断某部分动力传递路线的方法确定故障区段。例如，诊断底盘异响时，可将变速杆放在空挡位置，断续地接合和分离离合器，根据声音的变化判断响声是发生在变速器还是离合器。

电气故障诊断常用将某线路暂时隔除的方法来确定故障的部位。例如，喇叭不响，可以直接给喇叭供电来判断是喇叭故障还是线路故障。

（2）试探法。试探法是指对故障可能产生的部位通过试探性的排除或调整来判断其是否正常。

例如，气门异响，若怀疑是气门间隙过大引起的异响，将气门间隙重新调整。若故障消失异响为气门间隙过大引起的；若异响仍有，再查其他部位。应注意的是用试探法诊断时，应记住调整前的原始位置，如故障不在此处，应恢复原始位置。

（3）比较法。对怀疑有故障的零部件与工作正常的相同件零部件对换，根据互换后故障现象的变化来判断所换零部件是否有故障的方法称为比较法。

当某缸不工作时，如果怀疑火花塞工作不正常，可换上一个正常的火花塞，故障消失，说明该火花塞工作不正常。本方法用在不能准确判断技术部件的状况下，诊断时，切忌盲目换件。

3. 仪器诊断法

仪器诊断法可在汽车不解体情况下，用专用仪器设备检测整车、总成和机构的参数、曲线或波

形，为分析、判断汽车技术状况提供定量依据。采用微机控制的仪器设备能自动分析和判断汽车的技术状况。现代仪器设备诊断法的优点是检测速度快，准确性高，能定量分析，可实现快速诊断等。现代汽车的诊断越来越多地依赖仪器的诊断。

（1）利用简单仪表诊断。所谓利用简单仪表诊断，是指利用万用表、示波器、气缸压力表等常用仪表，对汽车故障进行诊断的方法。汽车电控系统各零部件均有一定的标准电参数值，各零部件的电阻值都有一定的范围，工作时输出电压信号也有一定的范围，且具有特定的输出波形。因此，可利用万用表测量元件的电阻或输出电压，用示波器测试元件工作时的输出电压波形，用万用表测量元件导通性等可判断元器件或线路是否工作正常。

（2）利用专用诊断仪器诊断。随着汽车电子化进程的不断发展，各种汽车故障专用诊断仪器在汽车维修业中得到了越来越广泛的使用。常用的汽车专用诊断仪器主要有汽车专用万用表、汽车专用示波器、发动机综合参数测试仪、无负荷测功仪、四轮定位仪、汽车故障解码器等。使用专用故障诊断设备，可以大大提高汽车故障诊断效率。如大众车系专用诊断仪 VAG5051、VAG5052，丰田车系专用诊断仪 IT2Z 智能诊断仪。

4. 故障征兆模拟诊断

在故障诊断中常常遇到偶发性故障，平时没有明显的故障征兆，特殊条件下才偶然出现。这时必须对故障进行深入的分析，模拟车辆出现故障时相似的条件和环境，设法使故障特征再现。对于偶发性故障，故障征兆模拟试验是一种行之有效的诊断措施。

在故障征兆模拟试验中，首先必须把可能发生故障的范围缩小，然后再进行故障征兆模拟试验，判断被测试的器件工作是否正常，同时也验证了故障征兆。在缩小故障征兆可能性时应参考相关系统的故障诊断表或故障树。

5. 利用故障树诊断

对于较复杂的故障，由于导致故障的可能原因较多，或属于比较生僻的故障，因此单靠经验或简单诊断一般情况下解决不了问题，此时必须借助于一定的设备仪器、按照一定的方法步骤，对故障进行全面细致的检查和分析，逐步排除可能的故障原因，最终找到真正的故障部位，这就是用故障树诊断法进行诊断。故障树诊断法又称故障树分析法，是将导致系统故障的所有可能原因按树枝状逐级细化的一种故障分析方法。故障树诊断法特别适用于像汽车这样的复杂动态系统的故障分析。

应用故障树诊断法的关键是建立故障树。首先在熟悉整个系统的前提下逐步分析导致故障的可能原因，然后将这些原因由总体至局部、由总成到部件、由前到后（按工作关系）逐层排列，最后得出导致该故障的多种原因组合，用框图形式画出即为故障树。

用故障树诊断法进行故障诊断时应注意，一定要按照导致故障的逻辑关系进行逐步检查分析，否则就会出现遗漏或重复性的工作，甚至出现查不出故障原因的现象。

需要说明的是以上各种诊断方法各有其优缺点，每一种故障诊断方法并不能被其他诊断方法完全取代。在实际应用中，应根据客观条件情况，灵活使用各种不同的诊断方法，使它们之间互为补充，提高汽车故障诊断的准确性。

1.3 汽车的基本检查

汽车的基本检查能预防故障的发生，延长汽车的使用寿命，是故障诊断的第一步。

1. 检查发动机润滑油（机油）

① 检查油面高度。检查油面高度时，汽车应停驻在平坦的地方，须待发动机熄火 10min 后再进行，目的是使润滑系统内多余的机油全部流回油底壳。

在发动机一侧有一个机油油标尺，先将油标尺拔出，用抹布擦干净上面的机油，然后放回原位，再拔出来，观察机油在油标尺上的位置。机油必须在油标尺上限与下限刻度线之间，如图 1-3 所示。如果低于下限刻度，应及时添加。在发动机缸体侧面（或缸盖上）有机油加注口，先将其盖卸下，添加适量机油，添加完毕后盖上机油添加注口盖，重新检查机油液面高度，直至符合标准。

添加机油时，必须按规定牌号的机油添加，不可混加。

图1-3 机油尺刻度

② 检查机油质量。用机油尺蘸油滴并滴在干净的纸上，正常的机油应该是淡黄色、透明、黏性；变质的机油通常为黑色、杂质、稀释。

③ 起动发动机后，通过机油压力表观察机油压力，机油压力必在规定范围内或仪表板上机油报警灯熄灭。

2. 检查燃油箱存油量

起动发动机后，通过燃油表观察燃油箱的存油量，燃油表上字母标记 “F” 表示燃油箱注满；“E” 表示燃油箱几乎是空的，不足时应及时添加。有的汽车燃油表刻度为 0、1/2、1，分别表示燃油箱内的油量为“空”、“半满”、“满”。

3. 检查冷却液量

打开散热器盖，观察冷却液（冷却水或防冻液）是否加满。对于装有补偿水桶的发动机，随发动机怠速运转升至正常工作温度后，直接观察补偿水桶中的液面高度，必须在高（max）和（min）两刻度线之间，可偏于高线，但不许超过，如图 1-4 所示。

图1-4 储液灌

添加冷却液时，打开散热器盖或储液罐盖，直接加冷却液。如果是更换冷却液或重新加冷却液时，为了不使冷却液内混入气泡，加冷却液时应将排气孔打开，待有冷却液从排气孔流出时，再将排气孔关闭，加至标准位置。

4. 检查蓄电池

检查蓄电池液面高度，不足应添加蒸馏水如图 1-5 所示。 观察蓄电池外壳是否破裂。检查蓄电池的安装是否牢靠，导线与接线柱的连接是否紧固。清除蓄电池表面的灰尘、油泥，擦去蓄电池盖上的电解液，清除接线柱和导线接头上的氧化物，疏通加液孔盖上的通气孔等，旋紧蓄电池盖。

用密度计检查电解液的密度，以检查蓄电池的放电程度，如图 1-6 所示。吸入电解液，浮子浮起，液面所指的刻度即为密度值，根据此值来估算放电程度，一般电解液密度每减少 0.01g/cm^3，相当于蓄电池放电 6% 。若发现密度减少过多，则说明蓄电池有故障，查明原因，并排除故障。

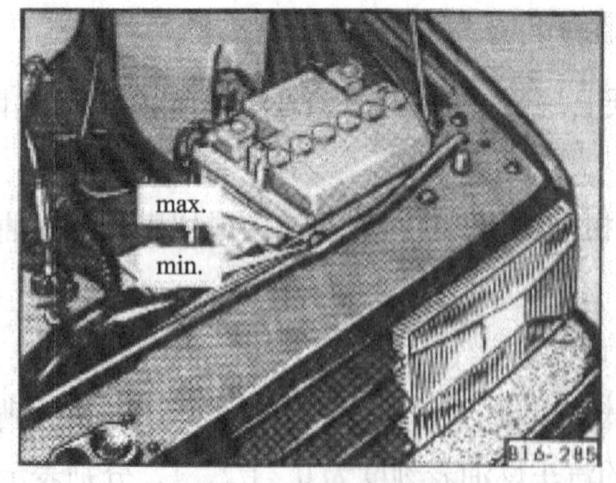

图1-5 检查蓄电池

图1-6 检查蓄电池比重

5. 检查传动皮带

带轮应不松旷，传动带无损伤，松紧度符合要求。发现传动皮带有断裂和分层现象时，应及时更换。如传动皮带为两根，则必须两根同时更换，不允许一新一旧混合使用。

要经常检查传动皮带的松紧度，传动带过紧会导致传动皮带轮和轴承的磨损加剧，降低使用寿命；过松会引起传动皮带打滑过热、温度过高，会引起传动皮带橡胶硬化、开裂，因而缩短传动皮带的寿命，还会导致发电机转速降低，使蓄电池充电不良，而且过热也会损坏发电机，还会造成发动机过热、空调功能下降等故障。

检查调整方法。在两个传动带轮之间的中点处，用拇指以一定的力（一般为 29～39N）按下，传动带的挠度应符合发动机厂家规定（一般为 10～15mm），如图 1-7 所示。

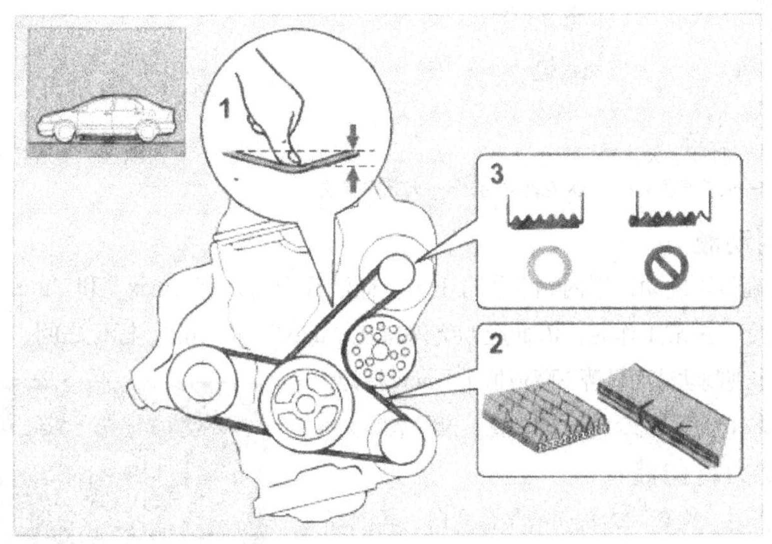

图1-7 传动皮带检查

1—皮带松紧度的检查；2—皮带磨损、裂纹的检查；3—皮带是否安装在皮带轮槽内

6. 火花塞的检查

使用中，经常会有灰尘、油污等附着物沉积在火花塞绝缘体上，由于这些沉积物会形成外部泄漏分路，将会直接影响火花塞正常跳火。另外，有时由于外界的因素，火花塞绝缘体上还常常会溅落水滴或沾上湿气，这更增加了上述沉积物的泄漏性，所以必须经常擦拭绝缘体部分。火花塞电极间由于反复高压跳火，易产生积炭，将会改变电极间隙。

正常的火花塞、瓷套的裙部呈棕褐色到灰色，电极电蚀轻微。尽管使用过的火花塞难免有轻微的积炭，仍属正常现象，不会降低发动机的性能。工作不正常的火花塞有火花塞烧蚀、绝缘体顶部破裂、火花塞积油、积炭、积灰等现象。若发现火花塞已产生积炭，可拆下火花塞，将其下端浸在煤油中，用铜丝刷子刷洗积炭和油垢。火花塞故障如图 1-8 所示。

7. 空气滤清器的检查

空气滤清器过脏会引起发动机工作不良、油耗过大，损坏发动机等，检查空气滤清器时，若发现灰尘较少，堵塞较轻，可用高压空气从内向外吹净，吹净后可继续使用。过脏的空气滤清器应及时更换，如图 1-9 所示。

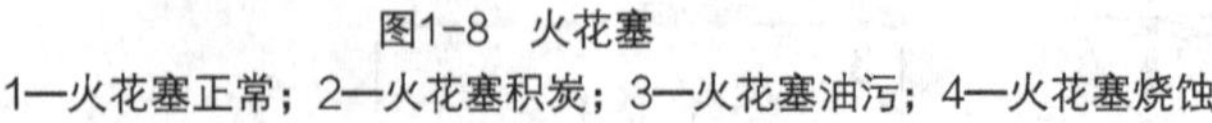

图1-8 火花塞

1—火花塞正常；2—火花塞积炭；3—火花塞油污；4—火花塞烧蚀

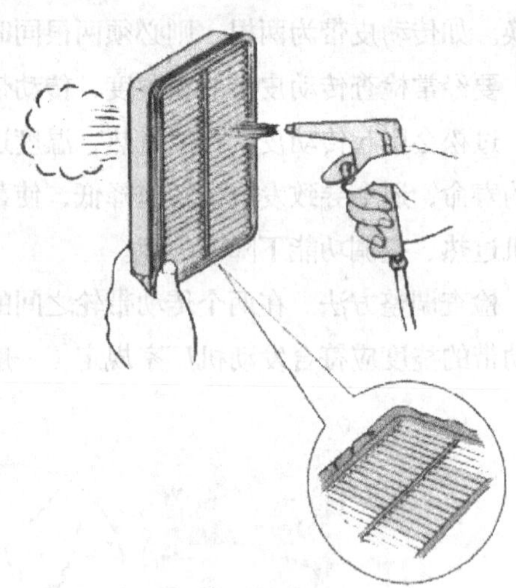

图1-9 清洁空气滤芯

8. 检查制动液

制动液储液罐位于发动机罩内制动主缸上方，储液罐表面刻有“max”和“min”标记，平时应注意检查液面高度。正常工作时，液面应始终保持在“max”和“min”标记之间，如图1-10所示。

若短时间内出现制动液面显著下降或低于“min”标记，则可能是制动系统有渗漏故障，应立即检查，排除故障。

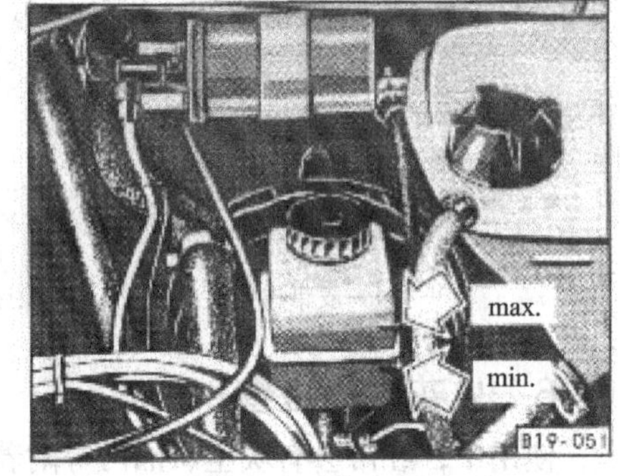

图1-10 制动液罐

9. 检查动力转向液

当转动方向盘时，检查动力转向液是否变白、起泡或液位变化大，如果是，应检查转向系统是否泄漏，并更换。

10. 检查轮胎

检查轮胎胎面有无划伤、裂纹或异常磨损。是否有金属片、石块嵌入胎面，如果有应及时清除。检查胎压是否正常。

11. 检查底盘的螺栓、螺母是否拧紧，有无松动

12. 检查汽车车身两侧的高度是否一致

复习题

1. 什么是汽车故障？
2. 汽车故障的表现形式有哪些？
3. 汽车故障的原因有哪些？
4. 汽车故障诊断方法有哪些？

第2章 电控汽油发动机故障诊断与排除

学习目标

1. 掌握发动机的诊断核心。
2. 掌握发动机常见故障的现象。
3. 掌握发动机常见故障的原因。
4. 掌握发动机常见故障的诊断方法。
5. 能根据发动机故障的现象，建立良好的诊断思路。

2.1 电控汽油发动机故障诊断基本知识

2.1.1 汽油发动机故障诊断核心

对于汽油发动机，要想使发动机能正常工作，必须具备4个条件。

（1）合适浓度的可燃混合气。

（2）足够高的气缸压力。

（3）火花塞产生强烈的电火花。

（4）点火正时、配气正时正确。

若有一个条件不能满足，发动机将运行不良。发动机常见的故障诊断与排除是从上述四方面入手的。

检查时，一般先检查电路故障。在检查电控汽油喷射式发动机的点火系统有无高压火花时，应采用正确的方法，不可沿用检查传统触点式点火系统高压火花的做法，以防损坏点火系统中的电子元件。正确的检查方法是拔下高压分线或拆下无分电器单缸独立点火系统的点火线圈，将一个火花塞接在高压分线或点火线圈上；将火花塞接地；接通起动开关，用起动机带动发动机转动，同时观察火花塞电极处有无强烈的蓝色高压火花（见图 2-1）。注意，高压跳火试验时，转动曲轴不得超过 5～10s。

图2-1 高压跳火试验

如果没有高压火花或火花很弱，说明点火系统有故障。汽油喷射式发动机的故障自诊断系统通常能检测出点火系统中的曲轴位置传感器及点火器的故障。如有故障码，则可按显示的故障码查找故障部位；如无故障码，则应分别检查点火系统中的高压线、分电器盖、高压线圈、点火器、分电器、曲轴位置传感器及点火控制系统的 ECU。点火系统最容易损坏的部件是点火器、点火线圈，应重点检查。

如果火花正常，则进行喷油检查。检查电动燃油泵是否工作正常，电动燃油泵不工作是造成发动机不能起动的常见故障。打开点火开关，从油箱口处应能听到燃油泵运转的声音；也可用手捏住进油管应能感觉到进油管的油压脉动；或拆下油压调节器上的回油管，应有汽油流出；利用油压表检查系统油压，电控发动机系统油压一般为 250kPa，如燃油压力低于规定值，应检查油泵、油压调节器和管路是否工作不良。

若汽油供给正常，应检查正时标记及气缸压力，用缸压表逐缸测量，每缸测量 3 次，取最大值，应符合技术标准。

用缸压表检测缸压时，如果在起动机刚转动的瞬间，缸压表指针上升很少，以后由低逐渐升高，但仍达不到标准的压力，则可能是汽缸、活塞、活塞环处漏气。如果在起动机刚转动的瞬间，缸压表指针上升很少，以后缸压读数仍然很低，一般情况是气门漏气。相邻两缸歧管压力均下降，发动机运转时化油器有回火现象，可确定为气缸垫冲坏，缸体、缸盖结合面不平导致漏气。也可通过加机油法检测缸压、检测曲轴箱窜气量、气缸漏气量（率）、进气管真空度判断机械内部故障。

如果发动机点火正时和配气正时错乱，往往会导致发动机起动困难，同时伴随着进气管回火和排气管放炮。

电控发动机常见故障有不易起动、起动后立即熄火、怠速不稳、怠速过高、行驶无力、加速不良、回火、放炮、冒黑烟、油耗过大等。

2.1.2 电控汽油发动机故障诊断步骤

每一种故障现象，都可能有多种原因引起，怎样从众多的原因中去伪存真，把真正的故障部位找出来，需要熟练地掌握发动机的结构及电子控制系统工作原理，全面地了解和掌握电脑的功用及引脚的技术参数，各传感器的结构、工作原理以及传感器损坏时的故障特征，全车电路的布局及走向等。电控发动机故障诊断的一般步骤如下。

1. 确定发动机是否存在故障

发动机在运行过程中，随着汽车行驶里程的增加，其技术状况必然要发生一些变化，哪些变化是正常变化，哪些变化为故障现象，这是正确进行故障诊断的首要问题。在电控发动机故障中，有些故障的现象比较明显，有些不明显。明显的故障现象一般不需要进行专门的试验，例如，发动机无法运转、汽车行驶无力、排气管放炮等现象。而对另外一些故障，其故障现象不明显，有些故障现象在特定条件下偶然出现，必须通过专门的试验、测试方可确定，如燃油消耗量大、排气污染超标等故障现象。

判断电控发动机工作是否正常的主要方法有以下几个。

① 发动机不能起动或起动后无法正常运转，或者发动机运转时伴有排气管放炮、进气管回火、有明显的敲击声等异常现象时，可以肯定发动机有故障。

② 发动机故障指示灯（CHCEK ENGINE）如果点亮，说明发动机电控系统存在故障。

③ 如果发动机性能在短时间内发生明显变化则可以确定发动机存在某种故障，如发动机动力明显下降，燃油消耗量明显增加等现象。

④ 发动机性能变化不明显时，让发动机在各种工况下运行，查听有无异响、抖动，发动机运转是否平稳。缓慢踩下加速踏板，使发动机转速由低向高逐渐提高，注意有无上述情况。如果存在，则说明发动机可能存在故障；突然踩下加速踏板，观察发动机转速是否能够迅速提高，若有异常情况或发动机转速提高缓慢，说明发动机存在故障；松开加速踏板，观察发动机怠速运转是否良好，若经过以上操作，均未发生异常，说明发动机工作基本正常。

2. 进行故障性质的确定

在发动机运转过程中若故障指示灯“CHECK ENGINE”点亮，说明电控发动机存在自诊断系统能够监测到的故障，故障一般与电控系统有关，可设法调取故障码，根据故障码提示查找故障原因。

如果发动机确实存在故障现象，而故障指示灯“CHECK ENGINE”在发动机运转时却未点亮，则说明发动机故障为自诊断系统不能辨识的故障，应根据故障现象，做出初步诊断，分析可能出现的故障原因，进行深入诊断。切记不要随意对电控系统乱拆乱卸，只有确定故障在电控系统时，才先检查电控系统，否则均应先查其他部分。

3. 进行直观检查

为了减少排除故障的工作量，避免弄巧成拙，把简单问题复杂化，应先检查各导线插头是否有

松动、有无接触不良、断路、短路，然后观察各进气管路、真空管路、油路是否有漏气、漏油现象，再进行下一步检查工作。

4. 区分故障所在的系统

为减少故障排除的工作量，当发动机出现异常反应后，先确认故障所在系统，可按以下步骤进行。

（1）判断是燃油供给系统还是电子控制系统出现故障。电子控制系统故障特征明显，出现故障一般有故障报警灯警示，比较直观，应先从检查电子控制部分是否有故障入手。检查故障报警灯是否点亮，有则提取故障码，按故障码提示进行检查，若无故障码提示，区分燃油系统故障还是点火系统故障。

（2）判断是个别气缸还是全部气缸工作不良。发动机工作不良，可能是个别气缸，也可能是所有气缸均工作不良引起的，如属个别气缸不工作或工作不良，就应从分析和检查引起个别气缸工作不良的原因入手。如果发动机各缸都工作，故障现象不明显，则应从对发动机各缸均工作都有影响的原因入手，以减少诊断工作量。判断各缸工作的好坏应用单缸断火法。

2.2 电控发动机常见故障诊断与排除

2.2.1 曲柄连杆机构及配气机构常见故障诊断与排除

曲柄连杆机构与配气机构的故障更多表现为机械故障，常见的故障部位及现象见表 2-1。

表 2-1　　曲柄连杆机构与配气机构故障部位及现象

故障部位	故障现象	故障原因	诊断方法
缸体及缸盖变形	① 发动机排白烟 ② 怠速运转时，打开水箱盖看到水箱冒气泡 ③ 缸压低	① 缸体在铸造和机械加工时，有残余应力 ② 长期燃气压力的作用，使缸体平面翘曲变形 ③ 不按规定顺序拧气缸盖螺栓；扭力过大或不均匀，以及在高温下拆卸气缸盖等原因 ④ 长期在高转速、大负荷条件下工作，润滑不足，烧瓦抱轴等也会引起气缸体变形和轴承座孔中心线的变化	对气缸体及缸盖进行检测如图 2-2 所示

续表

故障部位	故障现象	故障原因	诊断方法
缸体及缸盖裂纹	① 发动机排白烟 ② 怠速运转时，打开水箱盖看到水箱冒气泡 ③ 缸压低	① 气缸体与气缸盖水套壁厚较薄 ② 缸体结冰冻裂、冷热急剧变化、碰撞受振 ③ 水垢集聚过多而散热不良 ④ 铸造时的残余应力影响 ⑤ 发动机在高速运转时的惯性、热应力，气缸体受交变应力作用等原因，使水套壁产生裂纹	缸体及缸盖进行检测；水压试验或气压试验
气缸垫烧蚀	① 发动机运转不平稳，排气管有“突、突”的响声 ② 发动机动力下降，转速不能提高 ③ 相邻两缸窜气。气缸压力降低。有时进气管回火，排气管放炮 ④ 气缸垫水道处窜气，致使发动机散热器内有气泡 ⑤ 冷却水漏入气缸内，排白烟，发动机难以起动 ⑥冷却水漏入曲轴箱，使润滑油油面升高，且变质 ⑦发动机温度高，有时会发现在发动机外部气缸垫边缘有漏水之处	① 气缸盖螺栓拧紧力不均匀或拧紧力不够 ② 气缸体和气缸盖接合面变形 ③ 发动机经常在大负荷、点火过早、发动机过热，爆振等情况下运行 ④ 气缸垫本身质量差	及时拆检更换气缸垫，必要时研磨气缸盖平面，缸盖螺栓的拧紧顺序如图 2-3 所示
气缸磨损	① 冷起动时有明显的嗒、嗒敲击声，温度升高，响声减弱或消失 ② 缸压低 ③ 有时排气管排蓝烟；加机油口处冒蓝烟 ④ 发动机动力性下降 ⑤ 油耗增加	润滑不良、高温、高压、交变载荷和腐蚀性物质作用下发生机械磨损、腐蚀磨损、磨料磨损	① 检测故障缸压力 ② 检测气缸直径及圆柱度
拉缸	① 发动机运转有明显响声，温度升高，响声明显加重 ② 发动机动力下降 ③ 发动机明显抖动 ④ 怠速运转时易熄火、停机 ⑤ 排气管排蓝烟，加机油口处冒蓝烟 ⑥手摇曲轴阻力大	① 活塞与气缸配合间隙小 ② 活塞加工几何形状 ③ 缸孔过脏 ④ 活塞环与缸壁发卡、活塞环隙过小 ⑤ 机油变质、压力过低 ⑥ 发动机过热 ⑦ 磨合期驾驶员不正常使用	单缸断火蓝烟消失
活塞环损坏	① 发动机动力下降 ② 气缸压力不足 ③ 从加机油口处冒大量蓝烟 ④ 烧机油，机油严重变质	① 活塞环弹性不足 ② 活塞环与活塞环间隙大 ③ 活塞环断裂 ④ 活塞环对口	① 单缸断火后，响声减弱为故障缸 ② 测缸压，手摇阻力小、加机油法测缸压仍低

续表

故障部位	故障现象	故障原因	诊断方法
活塞故障	发动机有异响、怠速不稳、起动困难、严重甚至无法起动	① 活塞环槽、裙部、销孔磨损 ② 活塞刮伤（或称拉缸） ③ 活塞烧伤、脱顶	判断故障缸、并拆检
曲轴轴颈磨损	① 主轴径、连杆轴径磨损成椭圆。轴径的磨损规律如图 2-4 所示 ② 机油压力明显降低 ③ 接合离合器，总有短暂颤抖	① 润滑不好，机油牌号不对。 ② 热处理工艺不当 ③ 轴径磨削之前，校正不好；加工时，磨掉淬硬层 ④ 曲轴飞轮组动平衡不好 ⑤ 长时间承受大负荷	① 长期使用中，机油压力逐渐降低 ② 出现连杆轴瓦响、曲轴主轴瓦响
气门关闭不严	① 进气管回火 ② 排气管放炮 ③ 发动机动力不足 ④ 气门响	① 气门间隙过小 ② 气门弹簧过软、折断 ③ 气门烧蚀 ④ 气门发卡 ⑤ 气门与气门导管磨损严重	① 单缸断火法判断故障缸 ② 测缸压 ③ 摇曲轴，在进气管、排气管听漏气响

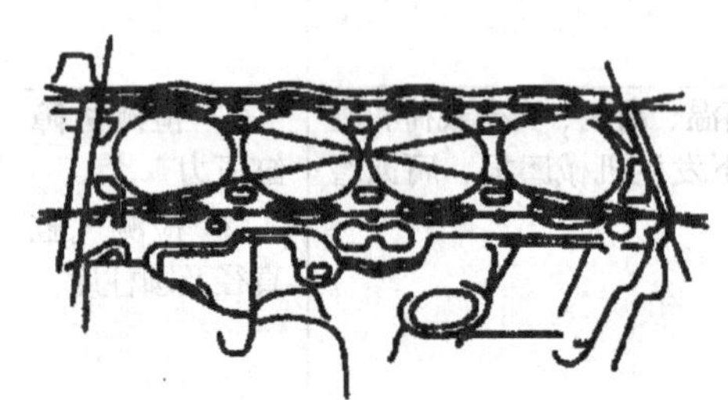
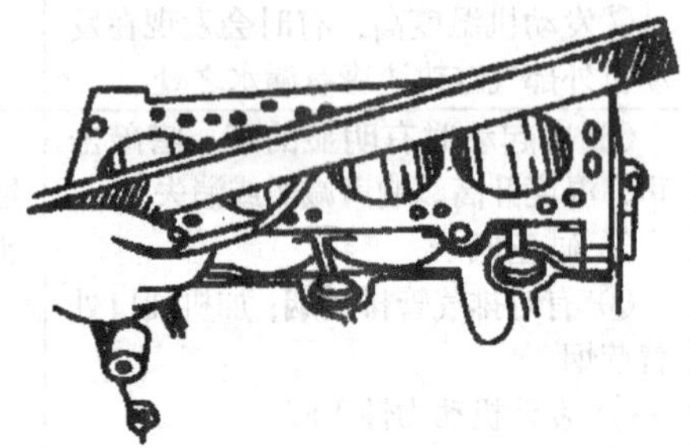

图2-2 气缸体上平面度的检验

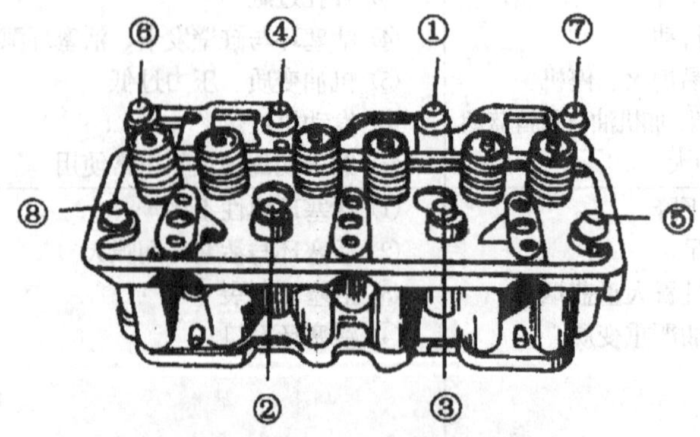

图2-3 缸盖螺栓拧紧顺序图

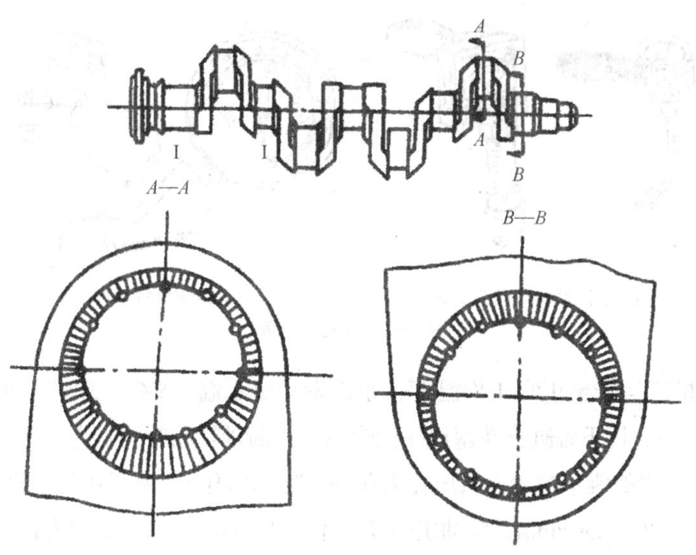

图2-4 曲轴轴颈的磨损规律

曲柄连杆机构及配气机构的任一零部件损坏最终会表现为气缸压力低或发动机异响，配气机构的故障还表现为正时不对。

1. 气缸压力低

（1）故障现象。发动机不易起动甚至不能起动，怠速不稳、动力不足，机油和燃油消耗大，尾气排蓝烟，测量气缸压力低。

（2）故障原因。

① 气缸、活塞、活塞环磨损严重、配合间隙大。

② 气门磨损、烧蚀、气门弹簧失效导致气门关闭不严。

③ 气缸垫烧蚀。

④ 气缸盖变形、裂纹。

⑤ 拉缸。

（3）故障诊断。

新车或大修后的车出现气缸压力低并排蓝烟，拉缸故障更为多见，到了大修里程的汽车，更多的为气缸、气门、活塞的磨损。

① 通过检测气缸压力结果分析。气缸压缩压力是指活塞在压缩终了时燃烧室的压力。测量气缸最大压缩压力可以判断气缸密封性的好坏。一般用气缸压力表测量。气缸压力表有各种结构形式，但原理基本相同，如图 2-5 所示。气缸压力表一般由表头、导管、单向阀和接头等组成。气缸压力表接头有螺纹管接头和锥形或阶梯形橡胶接头两种。螺纹管接头可以拧在火花塞或喷油器的螺纹孔中；橡胶接头可以压紧在火花塞或喷油器孔中。单向阀处于关闭位置时，可保持测得的气缸压缩压力读数；单向阀打开时，可使压力表指针回零。

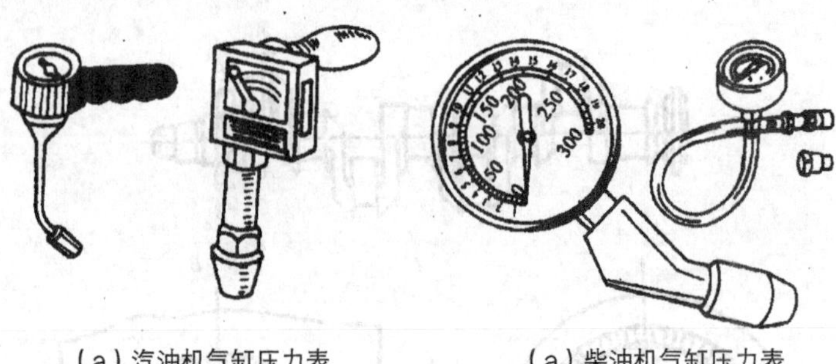

（a）汽油机气缸压力表　　（a）柴油机气缸压力表

图2-5　气缸压力表

检测时，发动机应运转至正常工作温度，水冷发动机水温 75℃～95℃，风冷发动机机油温度 80℃～90℃。然后停机，拆下各缸火花塞或喷油嘴以减少曲轴转动时的阻力，将化油器的节气门和阻风门全开，将气缸压力表的锥形橡胶塞紧压在火花塞或喷油器孔上，然后用起动机带动曲轴，旋转 3～5s，汽油机转速应为 130～250r/min，柴油机转速应不低于 500 r/min，压力表指示值即为该缸的压缩压力。为保证测量数据准确，各缸应重复测量 2～3 次，取其平均值。依次测量各缸，如图 2-6 所示。

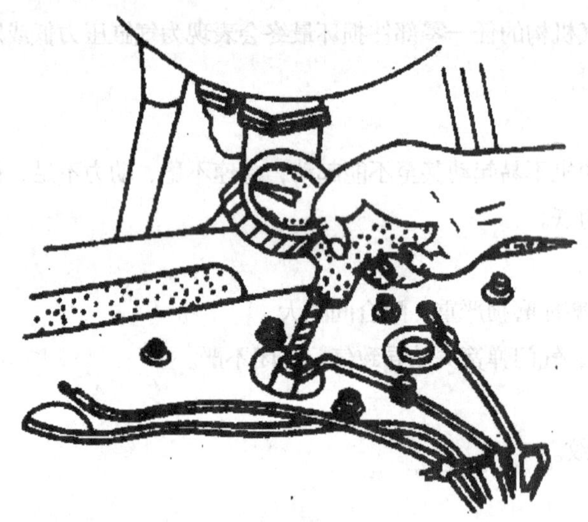

图2-6　气缸压力测量

检测结果分析如下。

a. 有的气缸在 2～3 次测量中，压力读数时高时低，相差较大，说明气门有时关闭不严。

b. 若相邻两缸压力偏低，是由于相邻两缸间气缸垫漏气或缸盖螺栓未拧紧所致。

c. 如果一缸或数缸压力读数偏低，可以用清洁且黏度较大的润滑油 20～30mL，由火花塞或喷油器孔注入偏低缸再测量气缸压力，若压力上升则说明气缸与活塞零件磨损过大；如果读数基本上无变化说明气门关闭不严。

d. 如果一缸或数缸压力读数偏高，汽车行驶中又出现过热或爆振，则是由于积炭过多或经多次大修，因缸径加大而压缩比改变所致。

e. 不同车型发动机气缸压缩压力的标准值不尽相同，表 2-2 所列为几种车型发动机气缸压缩压力的标准值。根据 GB/T15746.2—1995《汽车修理质量检查评定标准——发动机大修》的规定，完成大修后，气缸压力应符合原设计规定：每缸压力与各缸平均压力的差，汽油机<8%，柴油机<10%。

表 2-2 各车型发动机气缸压缩压力的标准值

车型	压缩比	气缸压力/kPa	检测压力的转速/（r/min）
捷达	8.5	900～1200（各缸差<300）	200～250
奥迪 100	8.5	800～1100（各缸差<300）	200～250
桑塔纳Ⅳ	8.5	1000～1300	200～250
桑塔纳 2000AFE	9.0	1000～1300	200～250
桑塔纳 200AJR	9.5	1000～1300	200～250
夏利 TJ7100	9.5	1029～1225	350
夏利 8A—FE	9.3	981～1370	200～250
切诺基	8.6	1068～1275（各缸差<206）	200～250
广州本田雅阁	8.9	930～1230	200～250
上海别克 IA6	9.0	≥689	200～250
北京 2020	6.6	784	200～250
丰田 4M/5M	8.5 /8.8	1078.73	250
解放 CA1091	7.40	930	100～150
东风 EQ1090E	7.00	7833（各缸差<147）	100～150
跃进 NJ1041	7.50	980	200～250

② 通过曲轴箱窜气量分析。曲轴箱窜气量是指气缸内的工作介质和燃气从气缸与活塞间不密封处窜入曲轴箱的量。检测时，发动机不运转，活塞处于上止点位置，若把具有一定压力的压缩空气从火花塞或喷油器孔充入气缸，通过压力变化即可检测气缸的密封性。

当测量表气压指示≥0.25MPa 时，则密封良好；若测量表气压指示<0.25MPa 时，说明密封性较差，此时可采取以下辅助手段诊断故障部位。

a. 在进气管处监听，如听到漏气声，是该缸进气门与座密封不良。

b. 在消声器处监听，如听到漏气声，则为该缸排气门与座密封不良。

c. 在正常水温下，散热器加水口若有气泡冒出，则为气缸盖衬垫漏气。

d. 若相邻缸火花塞处可听到漏气声，则为相邻两缸之间的缸垫烧穿漏气。

e. 若在曲轴箱加润滑油孔处监听到漏气声，通过把检测活塞从压缩上止点摇到下止点，根据漏气声的变化，可估计气缸的磨损情况。

③ 根据现象诊断分析。

a. 若某一缸气缸压力低，发动机怠速运转时，打开水箱盖看到水箱冒气泡。发动机熄火，气泡消失，且排气管排白烟。往往是气缸与冷却水套相通，应拆检气缸盖，检查气缸盖的平面度、燃烧室的裂纹以及气缸垫是否烧蚀。

b. 相邻两缸气缸压力低。伴随进气管回火，排气管放炮，应拆检气缸盖，检查气缸垫是否烧蚀。

c. 冷起动时有明显的"嗒、嗒"敲击声，温度升高，响声减弱或消失。有时，排气管排蓝烟，加机油口处冒蓝烟，油耗增加。应检查故障缸的活塞连杆组。

d. 发动机运转有明显响声，温度升高，响声明显加重。怠速运转时发动机明显抖动易熄火、停机。排气管排蓝烟，加机油口处冒蓝烟。手摇曲轴阻力大。且发生在行驶里程很短时，应拆检是否拉缸。

2. 配气正时不对故障诊断与分析

（1）现象

① 发动机起动困难，同时伴有错火。进气管回火，排气管放炮。

② 发动机无法运转。

（2）原因。

① 正时齿轮被打坏。

② 正时齿形带磨损、松旷、缺齿。

③ 正时齿轮轮毂与轮辐脱开。

④ 凸轮轴正时齿轮的键松动或磨损。

（3）诊断。

重新调整点火正时，若无效，拆检检查。对于采用齿形带传动的配气机构，若齿形带松旷或折断，有可能导致活塞顶弯气门，造成发动机无法运转。

3. 发动机异响故障诊断与分析

正常发动机转速是均匀的，运转声是轻微的，有节奏的机械振动和排气声音是正常的。当正常的发动机转速发生变化时，表现为连续的声音强弱变化，转速过渡圆滑而不间断。如果发动机在运转过程中，出现间歇且无规律的碰撞声、摩擦声和强烈的振抖声，即为异响。异响预示着发动机存在故障。影响发动机异响的因素很多，如温度、速度、负荷、润滑条件等。正确分析异响是诊断故障原因和部位的有效途径。

（1）响声分类。

① 按照响声部位可分为主机异响和附件异响。对于发动机的异响，首先要确定是主机异响还是附件异响，如果将风扇皮带松开后响声消失，说明该响声与水泵或发电机及其旋转件有关；如果松开空气压缩机皮带后，响声消失，为空气压缩机或与其有关部件异响；如果将全部传动带松开后响声仍不消失，应考虑是主机异响。

② 按照响声频率可分为间断异响和连续异响。连续异响是指曲轴每转一圈、响一次；间断异响是指曲轴每转两圈响一次。一般配气机构所发出的异响声为间断异响，活塞连杆组发出的响声为连续异响。

③ 按照单缸断火后，响声的变化规律可分为上缸、不上缸、反上缸。松开柴油机某缸高压油管或将汽油机某缸火花塞短路，如果此缸响声减弱或消失，该缸响声为上缸；如果响声不变为不上缸；如果响声增强为反上缸。配气机构发出的响声一般不上缸，曲柄连杆机构发出的响声一般为上缸或反上缸。

④ 按照响声所造成的后果可分为良性异响和恶性异响。良性异响是指在短期内不会对机件造成明显损坏的响声，如活塞冷敲缸，气门间隙大所发出的响声；恶性异响是指能很快造成机件严重损坏的响声。此响声一般随着发动机温度、转速、负荷的升高而增大。

⑤ 按照响声来源有摩擦异响、爆振异响、敲击异响。

活塞热敲缸异响、拉缸异响属于摩擦异响；活塞冷敲缸异响、活塞销异响属于敲击异响。点火过早属于爆振异响。

（2）故障现象。

发动机异响故障时，出现发动机正常运转时所没有的响声，同时会出现发动机振动，功率下降，燃料润滑油油耗量增加等现象。发动机异响按照异响声部位可分为活塞敲缸异响、活塞销异响、曲轴轴瓦异响、连杆轴瓦异响、气门异响等。

（3）故障原因。

① 装配间隙调整不当。

② 润滑不良。

③ 运动机件磨损过度，间隙增大。

④ 紧固螺栓松动。

⑤ 发动机爆振。

（4）故障诊断。

故障诊断见表2-3。

表2-3 发动机各部位异响规律

响声	听诊部位	响声特征及变化规律	故障主要原因	诊断
活塞冷敲缸响	气缸体上部	① 怠速时有清脆的“当当”响声，发动机温度低时响声明显，正常工作时，响声减弱或消失 ② 单缸断火后，响声减弱或消失	① 活塞与气缸壁磨损后，配合间隙增大 ② 活塞裙部磨损过大或气缸严重失圆 ③ 活塞质量差，受热产生不正常变形，活塞与缸壁配合间隙过大	① 机油加注口冒烟，排气管排蓝烟 ② 测缸压指示值低 ③ 向气缸加入少量机油再发动，响声短时间减弱
活塞热敲缸响	气缸体上部	① 怠速时发出响声，发动机运转抖动 ② 水温升高，响声加重 ③ 单缸断火后，响声加重	① 活塞的几何形状不对 ② 曲轴轴颈与连杆轴颈不平行 ③ 活塞与气缸配合间隙小，连杆小头孔与连杆大头孔中心线不平行 ④ 活塞环的配合间隙小 ⑤ 活塞反椭圆或椭圆度太小 ⑥气缸壁和活塞润滑不良	温度越高，响声越大，伴有发动机抖动

续表

响声	听诊部位	响声特征及变化规律	故障主要原因	诊断
活塞销响	发动机机体上部	① 怠速或略低于中速时，响声比较明显清晰，出现有节奏的“嗒嗒”声 ② 急加速响声加大 ③ 发动机温度升高，响声不减 ④ 单缸断火后，响声减少或消失	活塞销与活塞销座孔或与连杆铜套配合松旷	① 单缸断火后，“复火”瞬间，响声明显地恢复 ② 响声不明显，可提早点火时刻，响声会明显
活塞环响	气缸两侧或润滑油加注口	① 钝哑的“拍拍”，随转速的升高而增大 ② 加机油口处听到曲轴箱内发出连续的漏气响声 ③ 严重时加机油口中脉动冒烟 ④ 单缸断火后，响声减轻，但不消失	① 活塞环磨损，与环槽配合松旷 ② 活塞环失去弹性 ③ 活塞环对口 ④ 活塞环折断	① 机油加注口脉动冒烟，频率与响声吻合 ② 缸压低
连杆轴承响	气缸体下部	① 较重而短促的金属敲击声 ② 速时响声较小，中速时明显突然加速时，响声增强 ③ 单缸断火后，响声减弱 ④ 载重爬坡响声加剧	① 轴承与轴径磨损严重，径向间隙过大 ② 连杆轴承盖的固定螺栓松动 ③ 轴承合金烧毁或脱落	① 中速运转，响声明显，单缸断火后，响声减弱，为该缸异响，拆下油底壳查看轴瓦是否松旷 ② 机油压力下降，表示轴承间隙增大
曲轴轴瓦响	气缸体下部	① 响声沉重、发闷 ② 改变车速时，响声明显，发动机振抖 ③ 负载爬坡，响声明显，抖动增强 ④ 单缸断火后，响声无明显变化，相邻两缸断火后，响声减弱	① 主轴承盖固定螺栓松动。 ② 轴承合金烧毁或脱落。 ③ 轴承和轴径磨损严重，轴承径向间隙大	① 低温时，响声较小；温度升高，响声变大 ② 轴瓦磨损严重时，机油压力明显下降，发动机振抖 ③ 相邻两缸断火，响声减弱
气门异响	气门室罩盖	① 怠速时，发出连续而有节奏“嗒嗒”的金属敲击声 ② 响声不受温度影响 ③ 单缸断火后，响声不变	① 气门间隙调整过大 ② 气门调整螺钉松动 ③ 气门传到组磨损 ④ 液压挺柱缺油	① 对可调气门，怠速时，逐个气门塞塞尺，若响声减弱为该缸气门异响 ② 采用液压挺柱，用手压摇臂或液压挺柱，如果感到有间隙、松旷，为液压挺柱失效

续表

响声	听诊部位	响声特征及变化规律	故障主要原因	诊断
气门弹簧响	气门室罩盖	① 怠速时,有明显的“嚓嚓”响 ② 拆下气门室罩盖,响声更明显	① 气门弹簧折断 ② 气门弹簧弹力过小	① 拆下气门室罩盖,检查弹簧有无断裂 ② 用工具撬住弹簧,响声消失
气门座圈响	缸盖靠近气门处	① 与气门异响相似,但比气门响声大,且声音忽高忽低 ② 中速时响声清晰,高速杂乱 ③ 单缸断火后,响声不变	① 座圈材质不好,产生热变形 ② 镶配工艺不当,过盈量不够	拆下气门室罩盖,检查不属于气门异响,即为气门座圈响
正时齿轮响	正时齿轮室处	① 怠速、中速较为清晰 ② 单缸断火后,响声不变	① 正时齿轮间隙过大或过小 ② 曲轴、凸轮轴不平行,造成齿轮啮合不良 ③ 个别齿轮损坏	响声严重时,在正时齿轮盖处感觉振动
凸轮轴响	在凸轮轴区	① 有节奏而钝重的“嗒嗒”声 ② 中速时,响声明显;怠速时也能听到;高速一般消失 ③ 单缸断火后,响声不变	① 凸轮轴弯曲、变形 ② 凸轮轴轴径与轴承松旷 ③ 凸轮轴轴向间隙过大	拆下气门室罩盖,用金属棍插在响声较强处(两个凸轮之间),压住凸轮轴,查听响声有无变化
爆振异响	气缸上部	类似钢球撞击的声音。发动机有负荷或爬坡时,动力不足,金属敲击声大	① 点火提前角过大 ② 汽油牌号低 ③ 发动机温度过高 ④ 发动机负荷过大,混合气浓	加速踏板在不同位置、发动机在不同温度、改变点火提前角等来听响声的变化

故障实例分析

故障一

1. 故障现象

捷达王轿车四缸连杆断开,缸体两侧打破。

2. 诊断及排除

检查发动机配气正时,机油、防冻液正常,无大、小瓦烧蚀现象。对车辆进行检查,发现空气滤芯是湿润的,有水分,进气管有水印,室内脚垫有水。结论:不是发动机质量问题,水被进气管吸入,造成连杆先弯后断,然后将缸体打破,更换连杆和缸体。

故障二

1. 故障现象

捷达轿车早上着车后,怠速不稳,有缺缸现象,加油时,有熄火现象,热车后故障消失。

2. 诊断与排除

检查点火系统正常，检查火花塞，发现与其他车不一样，火花塞表面有胶质状的黑色物质，判断为冷车时气门被粘住。冷车测缸压，有的气缸缸压为零，并且不固定在某一缸。拆卸缸盖，清理气门、清洗油箱，故障排除。故障是由于加注劣质汽油引起的。

故障三

1. 故障现象

奥迪五缸轿车辆行驶中，发动机有敲击声，并突然失火，再起动发动机不运转。

2. 诊断排除

拆检发动机，第4、5缸活塞严重变形，活塞环被卡在槽内造成拉缸，其原因是燃油标号低，积炭多（8万公里）所致。修复气缸，更换一组活塞。

故障四

1. 故障现象

CA7200E车行驶中突然熄火，再起动不着车。

2. 诊断与排除

经检查油路电路正常，检查点火正时，发现点火错乱。打开正时皮带罩，发现正时皮带齿掉了很多，是由于皮带太松造成打齿，更换新的正时皮带，校正点火正时，试车，一切正常。

故障五

1.故障现象

捷达轿车行驶里程76 000km后，发动机怠速不稳，行驶加速无力。

2. 诊断与排除

单缸断火法，发现同时将2缸、3缸断火，发动机抖动减轻。测量气缸压力，发现2、3缸缸压为0，2、3间的缸垫冲坏。拆下缸盖，检查缸盖、缸体的平面度，缸盖超差，更换缸盖和缸垫。

故障六

1. 故障现象

红旗CA7200，该车低速、中速行驶时，排气管有规律地放炮。

2. 诊断分析

排气管放炮的主要原因有以下几个。

① 电路故障。点火过迟、断电器触点严重烧蚀，分缸高压线错乱，分电器盖、分火头破裂、漏电。

② 油路故障。混合气浓。

③ 机械故障。气门烧蚀，弹簧折断。

对点火系统、供油系统进行检查，无异常，判断故障为机械故障。拆下缸盖发现3缸的排气门严重烧蚀。

2.2.2 汽油供给系统故障诊断与排除

电控汽油发动机供给系统主要由油箱、电动汽油泵、汽油滤清器、燃油压力调节器，喷油器、进回油管及控制系统组成，图 2-7 所示为电控汽油发动机供给系统的组成。

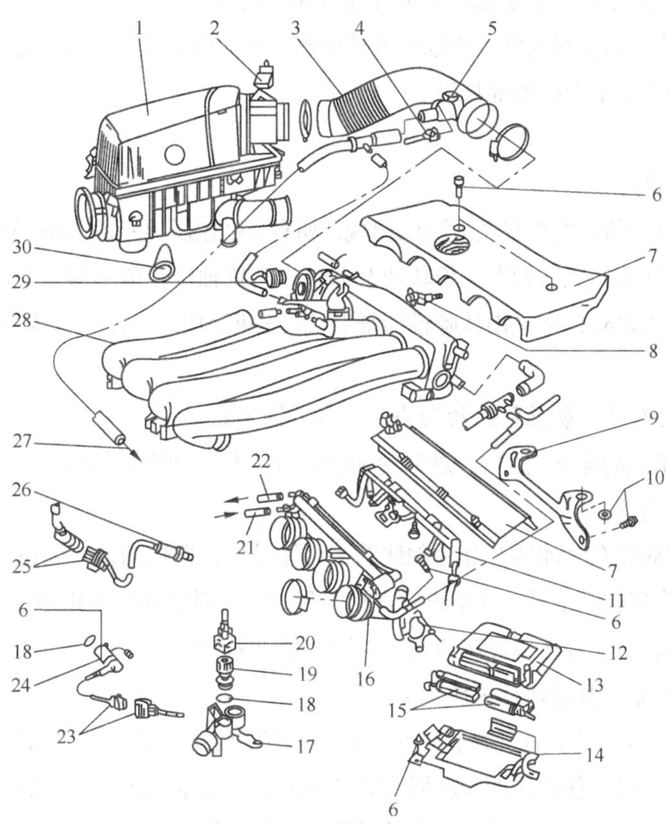

图2-7 电控汽油发动机供给系统的组成

1—空气滤清器；2、4、8、15、20、23、25、29—连接器；3—进气软管；5—加热电阻；6、10—螺栓；7—盖板；9—支架；11—导管；12—密封垫；13—多点喷射控制单元；14—固定板；16—进气管下体；17—固定夹；18—密封圈；19—冷却液温度传感器；21—进油管；22—回油管；24—发动机转速传感器；26—氧传感器；27—通向曲轴箱；28—进气管上体；30—固定环

供给系统故障将使燃油与空气比例失调，导致不来油、混合气过稀、过浓及漏油等故障现象。

1. 供油系统不供油

（1）故障现象。

① 在点火系统正常工作的情况下，发动机不能起动或起动后逐渐熄火。

② 无烟排出或排烟时间很短。

③ 发动机在运转中逐渐熄火。

（2）故障原因。

① 油箱燃油不足。

② 油管及接头漏油。

③ 汽油滤清器严重堵塞。

④ 燃油压力调节器膜片破裂。

⑤ 油泵电动机损坏，熔断器、继电器损坏或线路断路、接触不良等。

⑥ 喷油器线圈、继电器、熔断器损坏或控制线路不良等。

⑦ 冷却液温度传感器信号失常、曲轴位置传感器（发动机转速传感器）无信号、起动开关信号未传入 ECU 等，使 ECU 未进行喷油控制。

⑧ ECU 有故障。

（3）故障诊断与排除。

① 先进行故障自诊断，检查有无故障码出现。如有，则按所显示的故障码查找故障原因。要特别注意会影响喷油控制的传感器如发动机转速及曲轴、凸轮轴位置传感器、冷却液温度传感器等有无故障。在检测控制线路时，可采用故障模拟征兆法轻轻振动熔断器盒或轻轻晃动各线束连接器，看有无接触不良现象。

② 检查油箱是否有油，燃油管路及接头是否有破损之处。

③ 测量系统油压。先泄压，然后在进油管和燃油分配管之间安装油压表，用起动机带动发动机运转，观察油压表的读数。

若油压正常，则故障在喷油器及其控制线路，可能是喷油器熔断器、继电器损坏或 ECU 故障。也可能是 ECU 未接收到起动信号、发动机转速信号等，没有对喷油器实施喷油控制，对此，应检查相应传感器、开关等；若无油压或油压极低，故障在供油系统。

④ 检查汽油滤清器，若堵塞严重应更换。

⑤ 检查油压调节器。拔下油压调节器真空管，如有油流出或滴油，说明油压调节器膜片破裂，应更换。若油压过低，可夹住油压调节器回油管切断回油，若油压上升，可能是油压调节器膜片及弹簧性能下降、回油阀门开度一直较大等导致系统油压严重降低。

⑥ 若上述检测均正常，则为油泵不供油，应检查油泵及其控制线路，视情况检修或更换。

2. 混合气过稀

（1）故障现象。

① 发动机起动不着或起动后转速不易提高。

② 怠速不稳，容易熄火。

③ 加速易熄火，进气管回火，有时，排气管放炮。

④ 汽车行驶动力不足。

⑤ 发动机过热，排气管易烧红。

（2）故障原因。

① 燃油泵性能不良。

② 油压调节器性能下降。

③ 节气门位置传感器或空气流量计、进气歧管绝对压力传感器、冷却液温度传感器、曲轴位置

传感器、氧传感器信号不良。

④ 废气再循环系统工作不良。

⑤ 曲轴箱通风阀故障。

⑥ 燃油滤清器堵塞，管路泄漏。

⑦ 喷油器堵塞。

⑧ 电控单元 ECU 故障。

⑨进气歧管、真空管泄漏等。

（3）故障诊断与排除。

① 进行故障自诊断，检查有无故障码。空气流量计、节气门位置传感器等故障都会影响发动机的加速性能。有专用诊断仪的还需要观察动态数据流，按故障码和动态数据查找故障原因。如有故障码，则按故障码提示，排除电控系统故障。

② 检查进气系统有无漏气，真空管是否脱落、破裂等。

③ 检查供油管路及接头，如有泄漏予以排除。

④ 安装燃油表，检查燃油压力。怠速时燃油压力应为 250 kPa 左右或符合原厂规定，加速时应上升至 300 kPa 左右或符合原厂规定。如油压过低，需检查油压调节器、汽油滤清器、汽油泵等。

⑤ 检查汽油滤清器，堵塞则更换。

⑥ 检查油压调节器。拔下油压调节器真空管，如有滴油现象，表示调节器膜片破裂，应更换。若油压较低，应检查油压调节器的工作性能。

起动发动机并怠速运转，观察油压表的读数，应为 250 kPa 左右。

增大节气门开度后加速，油压表读数应增大到 280 kPa 左右。

拔下油压调节器的真空管，燃油压力必须提高到 300 kPa 左右。

关闭点火开关，检查系统密封性及保持油压，在 10 min 后油压应不低于 200 kPa。

若保持油压过低，说明系统泄漏。重新起动发动机建立油压，关闭点火开关，用钳子夹住回油管，等待 10 min，若此时压力表读数不低于 200 kPa，说明油压调节器回油阀关闭不严，应更换油压调节器。若仍低于 200 kPa，说明系统密封不良，管路泄漏，也可能是油泵单向阀损坏。

⑦ 若油压调节器正常，则为油泵供油不足造成系统油压过低，应检修或更换油泵。

⑧ 若系统油压正常，应拆卸、清洗各喷油器，并检查喷油器的喷油量。如有异常，应更换喷油器。

⑨ 检查曲轴箱通风系统、废气再循环系统的密封。

3. 混合气过浓

（1）故障现象。

① 发动机排黑烟、放炮。

② 燃烧室火花塞易积炭，拆下火花塞，电极表面有潮湿汽油。

③ 发动机动力不足，严重时不易起动。

（2）故障原因。

① 水温传感器、空气流量计或进气管压力传感器失效。

② 氧传感器失效。

③ 燃油压力过高。

④ 冷起动喷油器漏油或冷起动控制失常。

⑤ 喷油器漏油。

⑥ 空气滤清器堵塞。

⑦ ECU 故障。

（3）故障诊断与排除。

① 首先读取故障码，并按故障码提示排除故障。无故障码或不能读取故障码，则按下述步骤检测。

② 检查空气滤清器，堵塞应更换。

③ 检查冷起动喷油器控制是否正常。

④ 用多功能万用表检查喷油器的喷油脉宽。若正常，则检查系统油压和喷油器；若不正常，则检查传感器和 ECU。

⑤ 检查系统油压。若燃油压力始终偏高，可能是回油管堵塞或油压调节器失常。检查回油管，若回油管正常，则说明油压调节器有故障，应更换。

若系统油压正常，喷油器喷油脉宽正常，则故障为喷油器漏油，应清洗或更换喷油器。若喷油器喷油脉宽不正常，应检测冷却液温度传感器、空气流量计或进气压力传感器、氧传感器信号是否正常，线路有无断路或短路，视情况检修或更换。

⑥ 若传感器正常，则为 ECU 故障导致喷油控制失常，应更换 ECU。

故障实例分析

故障一

1. 故障现象

一辆奥迪 A6 轿车，采用 2.4LAPS 发动机，热车怠速运转时自动熄火，再起动时，难以着车，这种现象在环境温度较高时更加明显。

2. 故障诊断与排除

首先检查该车电控系统是否存在故障，连接 V.A.G1551 至诊断插头，打开点火开关，进入电控系统调取故障码，没有故障显示。然后对电控系统的 λ 控制功能进行动态检测，发现排气管两侧的 λ 传感器调节值均为-8%左右，说明混合气过浓。进气温度传感器、空气流量计、燃油压力和油箱通风系统出现故障均会对混合气造成影响，在此要对各相关系统进行由简至繁的检查。发动机怠速运转时，通过读取测量数据，发现进气温度为 56℃，在规定范围内，进气量也在 3.0～5.0g/s 的标准范围内。然后对燃油压力进行检查，如果油压过高，则在相同的喷射时间内喷油量会有所增加，造成混合气偏浓。

关闭点火开关，在燃油管路中连接油压表 V.A.G1318，着车后燃油压力为 350kPa，拔下油压调节器上的真空管后，燃油压力表指针上升到 400kPa，把油压表与油箱之间油压表所带的开关阀关住，检测熄火 10min 后的保持压力，压力表指针显示为 300kPa，通过油压检查发现燃油压力都在标准范围之内。

该车燃油压力正常，究竟什么原因导致混合气过浓呢？如果油箱通风系统出现故障，将会对发动机的正常运转造成很大影响。为了检查其关键元件——活性碳罐电磁阀的工作情况，先进行执行元件诊断，在“01”地址码中进入“执行元件测试”功能。让该元件被触发动作，发出“咔哒”的响声，说明电磁阀能正常工作。然后再进行机械部分的检查，将其两端的软管都拔掉，用嘴吹阀的一端以检查导通情况，结果发现活性碳罐电磁阀在未被触发时也能导通，使得燃油蒸气一直对混合气增加浓度，因此λ控制系统处于偏浓状态。随着温度升高，汽油蒸发速度加快，当混合气浓度超过一定程度之后，就会出现热车怠速自动熄火，且熄火后难以起动的故障现象。

仔细对活性碳罐电磁阀进行检查，发现电磁阀内部有卡滞现象，使阀芯断电时不能正常回位，这样，活性碳罐内部所吸附的燃油蒸气就会被源源不断地送入进气歧管进行燃烧，造成该车故障现象。图 3-2 所示为活性碳罐电磁阀。用清洗剂彻底清除电磁阀座的积炭，将各真空管装复后试车，发动机热车运转正常，起动时能一次性着车，故障完全排除。

故障二

1. 故障现象

一辆一汽奥迪 A6 轿车冷起动困难，热车时怠速、加速工况皆正常。

2. 故障诊断与排除

首先用 V.A.G1551 检查，无故障代码显示。进一步检查发现各缸高压火花有些弱，冷车供油压力正常。更换点火线圈、高压线和火花塞后，冷车依然难起动。清洗喷油器后，观察其喷雾锥角正常，雾化状况良好，装车后试验，仍旧起动难。

于是又检查冷起动线路，发现水温传感器阻值随温度的变化值与标准数据相同。点火开关处有起动开关信号送给电脑。在无法测得喷油脉宽的情况下，向气缸喷入少量汽油，冷车起动正常。

因为冷起动时的喷油量少，导致冷车起动困难，故障应该在 ECU 控制电路中。从右侧仪表板上拆下 ECU，检查其各插脚时发现水温传感器的插头插在制动液液面报警开关插座上，这两个插头与插座的颜色极为相近。而此时的制动液液面报警开关的阻值为 560Ω，相当于水温传感器 80℃时的阻值，通过水温传感器线路传给 ECU 的是 80℃时热车状态的信号。因此 ECU 发出错误指令，输出了 80℃时的喷油脉冲，导致喷油时间变短。冷车时的喷油量减少，混合气浓度过低，造成冷起动困难。

故障三

1. 故障现象

一辆桑塔纳 2000 轿车正常运行后熄火，第二天却出现了无法起动的现象。点火时起动机运转强劲有力，但发动机却不能起动。

2. 故障诊断与排除

用故障诊断仪 V.A.G1552 检测发动机，读取故障码，没有故障码输出。随后进行基本检查。检测发动机的燃油压力和气缸压力，都在正常范围内；检查喷油器，均能按顺序正常工作；检查配气相位、点火正时以及火花塞的跳火情况，也都没有发现问题。通过一系列检查，发现发动机有油、有火，但是不能起动。在拆检火花塞时发现，经多次起动发动机，火花塞却没有被油浸湿的迹象，显然，是由于喷油器喷油量过少，混合气浓度过低造成冷车不能起动。为找出冷车喷油少的原因，再次连接故障诊断仪 V.A.G1552，读取该车静态发动机数据，发现 ECU 输出的冷却液温度为 105℃，而此时发动机的实际温度只有20℃。很明显，水温传感器出现了故障，为发动机ECU提供了错误的水温信号。为了进一步确定此判断是否正确，用万用表测量水温传感器，水温传感器既没有断路，也没有短路，因而没有故障码输出，但阻值却很小。仔细询问车主知道曾在发动机很热的情况下冲洗过发动机，这恰恰是引起此故障的关键，由于车主的错误操作，冷却液温度传感器输出信号失真。更换已损坏的水温传感器，故障排除。

2.2.3 润滑系统故障诊断与排除

发动机润滑系统一般由机油盘（油底壳）集滤器、滤清器、机油泵、限压阀、旁通阀、机油压力表、报警开关和报警器等组成，润滑系统常见故障有机油压力过低、机油压力过高、机油消耗异常、机油变质等。

1. 机油压力过低

机油压力过低，将使润滑效果降低，磨损增加，甚至危急机件的正常运转而使之烧坏。

（1）故障现象。

① 发动机起动后，机油压力很快降低，机油报警灯闪亮。

② 发动机运转过程中机油压力始终过低。

油底壳机油被稀释，油面增高，机油黏度变小，带有浓厚的汽油味或水泡味。

（2）故障原因。

① 机油量没有达到规定容量。

② 机油黏度变小。

③ 汽油或冷却水进入油底壳。

④ 机油集滤器脏、堵。

⑤ 机油滤清器脏、堵。

⑥ 机油泵磨损严重。

⑦ 限压阀调整弹簧弹力过低。

⑧ 油道堵塞、泄漏。

⑨ 发动机曲轴轴承或连杆轴承配合间隙过大，或凸轮轴轴承间隙过大。

⑩ 机油压力表、机油压力传感器及机油压力报警器工作不正常。

⑪ 发动机过热。

（3）故障诊断与排除。

① 首先拔出机油尺，检查曲轴箱内机油油面。若机油油量正常，应检查机油表、传感器；若机油严重不足，能听到曲轴轴承和连杆轴承异响，应及时补充机油。

② 检查机油黏度是否变小。用拇指和食指沾少许机油，两指拉开，两指间应拉有2～3mm的油丝，否则即为机油过稀。检查机油中是否含有汽油或水分，若混杂有汽油或水分，则需进一步检查何处渗漏，并排除故障。

③ 通过水温表。观察发动机是否过热，若过热，查明原因并排除故障。

④ 检查机油传感器。接通点火开关，将其导线拆下，使端头与缸体接触，查看机油表指针，若能迅速上升“到头”，说明机油表良好，故障在传感器；若表针不动或上升不多，表明机油表失效或导线接地不良。

国产捷达轿车在发动机润滑系统内，设置两个机油压力开关。一个为30kPa的压力开关，位于发动机缸盖上；另一个为180kPa的压力开关，位于机油滤清器支架上。

当接通点火开关时，机油压力指示灯亮，起动发动机，当机油大于30kPa时，灯应灭。在低速运转时，如机油压力低于30KPa，则30kPa的压力开关触点闭合，油压指示灯亮。当转速大于2 150r/min，且机油压力达不到180kPa时，则180kPa的压力开关断开，油压指示灯亮，同时蜂鸣器报警。

若机油足够，则应检查压力开关。若油压低于 30kPa，报警指示灯不闪烁，说明低压开关触点烧蚀或接触不良。若低于180kPa时，报警指示灯不闪烁，说明高压开关触点断不开。

发动机运转时，机油压力突然降低，应及时停车熄火，检查有无机油泄漏，如机油滤清器衬垫损坏、油管断裂等。

⑤ 拆下传感器（或压力开关）作短暂发动，若机油喷出无力，应检查机油滤清器、集滤器及机油泵等。

机油压力诊断框图如图2-8所示。

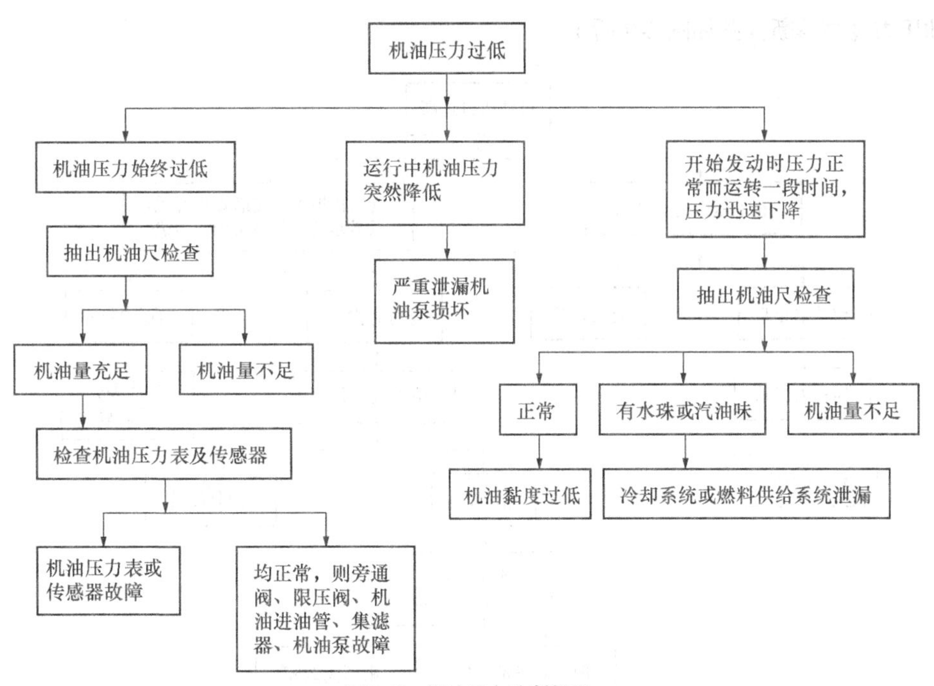

图2-8　机油压力诊断框图

2. 机油压力过高

机油压力过高，容易冲坏机油细滤器盖，也会冲坏机油压力传感器。

（1）故障现象。

发动机在运转时，机油压力表指示高。

（2）故障原因。

① 机油黏度过大。

② 限压阀调整不当或被胶质粘住卡死在关闭位置。

③ 气缸体主油道堵塞。

④ 机油滤清器滤芯堵塞且旁通阀开启困难。

⑤ 机油压力表失准或机油传感器失效。

⑥ 新装配的发动机曲轴轴承或连杆轴承间隙过小。

（3）故障诊断与排除。

① 试车检查，根据故障征兆进行分析和诊断。

② 检查油面高度，若油面正常，应检查机油黏度、牌号是否符合要求。

③ 检查油压指示系统装置。若接通点火开关就有压力指示，则说明油压表或传感器有故障，检查方法同前。

④ 检查、调整限压阀，对于与机油泵一体的限压阀，则应拆检机油泵。

⑤ 拆检发动机，检查、清洗润滑油道，并用压缩空气吹通；同时检查曲轴主轴承、连杆轴承、凸轮轴轴承等各配合间隙是否过小。

机油压力过高诊断框图如图 2-9 所示。

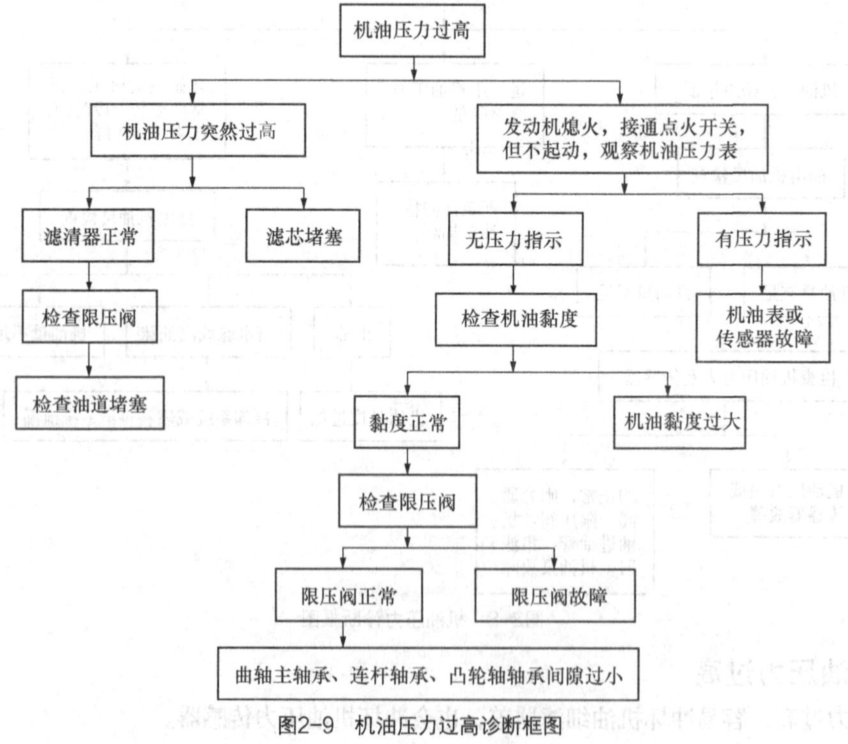

图2-9　机油压力过高诊断框图

3. 机油消耗异常

每次检查时都发现机油减少，平均消耗量超过 0.1～0.5mL/100km 即为机油消耗异常。

（1）故障现象。

① 发动机或空气压缩机有漏油处。

② 排气管排蓝烟，机油加注口脉动冒蓝烟。

③ 每天检查机油量，均有明显减少。

（2）故障原因。

① 活塞与缸壁配合间隙过大。

② 活塞环严重磨损使泵油现象加重。

③ 活塞环装反了。

④ 气门导管磨损严重且气门油封损坏。

⑤ 曲轴箱通风不良。

⑥ 发动机曲轴后端漏油。

⑦ 发动机正时齿轮室盖处漏油。

⑧ 油底壳裂纹。

（3）诊断。

① 检查外部有无泄漏，特别是油底壳、曲轴前后端。

② 查看排气管是否排蓝烟。

当踏下加速踏板发动机高速运转时，若排气管大量排蓝烟，机油加注口也冒出大量烟雾，说明活塞活塞环缸壁磨损过甚，应拆检活塞连杆组。

当发动机大负荷运转，若排气管大量排蓝烟，机油加注口无烟雾冒出，这是飞溅到气门杆上的汽油沿气门杆与导管间的间隙被吸入燃烧室的结果。

若发动机在较短时间冒烟，而曲轴箱机油并无明显减少，这是空气滤清器油面过高被吸入气缸所致。应检查曲轴箱通风。

机油消耗异常诊断框图如图2-10所示。

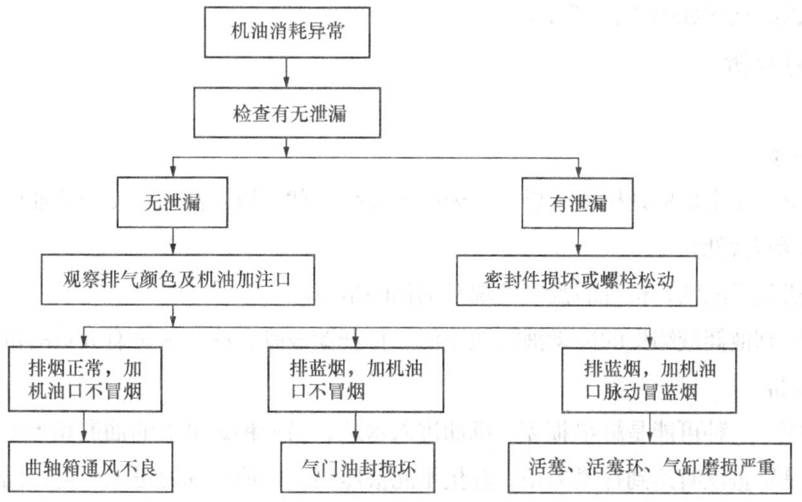

图2-10　机油消耗异常诊断框图

4. 机油变质

（1）故障现象。

① 取样检查机油，颜色发黑，用手捻搓，失去黏性感并有杂质感。

② 含水分的机油呈乳浊状并有泡沫。

③ 失去黏性感，并有汽油味。

（2）故障原因。

① 机油使用时间过长，在高温和氧化作用下形成氧化物和氧化聚合物，使机油逐渐老化变质。

② 活塞环漏气。

③ 曲轴箱通风不良。机油中混杂有废气燃油，导致机油变质。

④ 发动机缸体裂纹，冷却水漏入油底壳。

⑤ 汽油泵膜片破裂，汽油进入油底壳。

⑥ 废气中含有 SO_2 和 H_2O，下窜进入油底壳中，使机油呈酸性。

⑦ 机油过脏，含有杂质。

（3）故障诊断。

① 用机油尺取数滴机油观察，可大致分辨出机油污染情况。若机油显示雾状，油色混浊和乳化，说明机油已被水严重污染；若机油呈灰色，闻有燃油气味，则表示机油已被燃油稀释；若机油放置一段时间，则说明机油添加剂已失去作用。若用手指捻搓机油，有颗粒感，则表示含杂质较多。也可取数滴机油滴于中性滤纸上，检查其扩散后的油迹，若中心黑色杂质较黑，颗粒较粗，则说明机油含杂质较多已变质。

② 若机油油面上升，且机油含有汽油味，进而应检查汽油泵膜片是否破裂。曲轴箱通风是否良好、活塞的漏气量是否过大。

③ 若机油呈乳化状态，应检查缸壁是否有裂纹渗漏处。

④ 检查机油滤清器是否失效以及油道是否堵塞。

机油变质诊断框图如图 2-11 所示。

故障实例分析

故障一

1. 故障现象

一辆捷达王，车主反应缺机油，机油一天比一天少一截，拔掉油尺，发现机油已到下线。

2. 故障诊断与排除

检查发动机是否漏油，检查后没有发现有漏油的地方。

检查发现冷却液储液罐里的冷却液混浊不清。打开储液罐，冷却液里有大量的机油。

3. 故障分析

有三种可能，一种可能是缸垫损坏，机油进入水道，另一种是缸盖的油道和水道之间有砂眼，还有一种可能是缸盖没有达到拧紧力矩，缸垫不能被压实。机油从油道进入水道，因为发动机的机油压力大于冷却液的压力，所以水道里有机油。

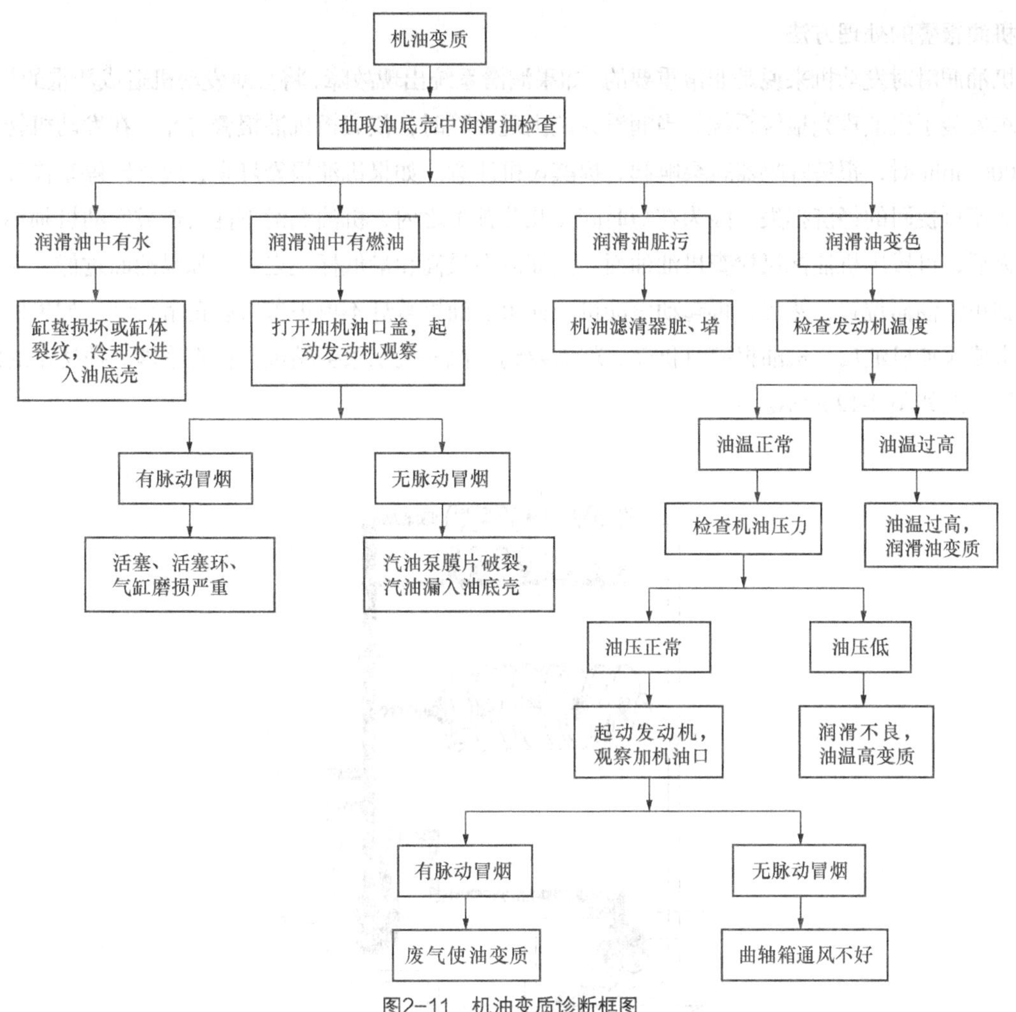

图2-11 机油变质诊断框图

进一步检查如下。

拆掉发动机缸盖，检查缸垫无损坏痕迹，把缸盖清洗干净，然后用气泵把油道、水道吹干，把缸盖倒放平。在干净的煤油中放一点红色色素，把带有色素的煤油注满缸盖水道，过了一会儿，就发现一油道有红色液体渗出，证明缸盖有砂眼，处理办法是更换缸垫和缸盖。

经过十几天，车主说，水壶里又有机油。经检查，冷却液储液罐里装满了油水混合物，拔掉油尺，发现机油又少了一截，拆掉一个缸盖螺钉，将其和新螺钉比较，发现该螺杆比新螺杆长约 1mm，可能是缸盖螺钉多次拆装超过了抗疲劳极限，螺钉被拉长，虽然螺钉已达到拧紧力矩，但缸盖没有达到其拧紧力矩，所以缸垫压不实，机油从缸垫进入水道。

处理办法是更换一组缸盖螺钉，故障排除。

该维修中第一步检测方法较好，但维修操作犯了较严重错误，一汽大众维修手册明确规定，发动机维修时，气缸垫、缸盖螺栓为一次性使用，必须更换。上例给违反操作规程者一个教训。这样的教训不只此一例，还有气缸间串气、缸压不够、漏机油等人为故障发生。

机油报警的处理方法

机油润滑对发动机来说是非常重要的。如果润滑系统出现故障，将会对发动机造成严重的损害。捷达车安装了机油声光报警系统。当润滑系统出现故障时，仪表板机油报警灯亮，在发动机转速高于 2 000r/min 时，报警蜂鸣器就会响起，提醒司机注意。如果机油报警灯亮，应立即停车检查，以免造成不可挽回的经济损失。因为在短时间（几分钟）之内，机油润滑不良会造成发动机损坏，停车熄火后，可拔出机油标尺检查机油油面，油面应在最高和最低标记之间，如果油面过低，应添加机油到正常油面位置，然后，再起动发动机，如果机油报警灯不再报警可以正常行驶。如果机油油面正常或添加机油后，机油报警灯仍亮，就需要到一汽一大众服务站进行检查修理。捷达车的润滑系统示意图如图 2-12 所示。

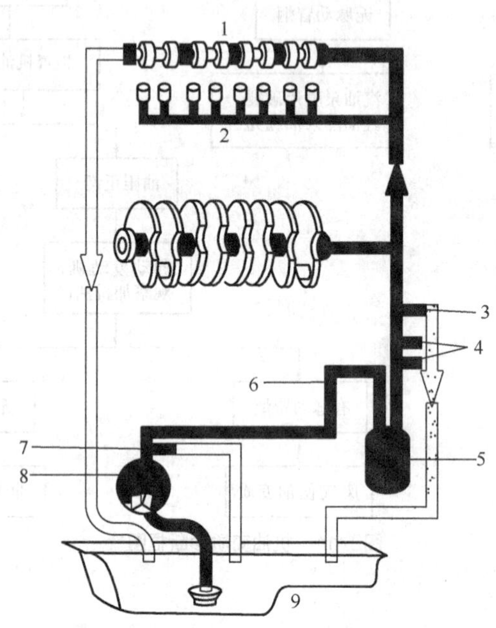

图2-12 捷达车润滑系统油路

1—凸轮轴；2—液压挺柱；3—限压阀；4—油压开关；5—带旁通阀的机油滤清器；6—回油关闭阀；7—限压阀；8—机油泵；9—油底壳

汽车进入服务站后，通常的检查方法是，首先检查机油压力，机油压力正常，则需检查电路。拆下气缸缸体侧面的机油压力开关，装上机油压力表 VAG1527，起动发动机检查机油压力，怠速时至少 0.3bar，将发动机提高转速，使机油温度升高至 80℃，散热风扇转动，将发动机转速稳定在 2 000r/min，机油压力至少 2.0bar，一般机油压力在 3.5～4.5bar 之间。检查机油压力正常，机油报警灯仍亮，故障一般出在电气系统，需对机油压力传感器、机油压力传感器开关和线路及报警单元进行检测。检查方法如下。

① 打开点火开关，不起动发动机，机油报警灯应亮，如果灯不亮可拔下低压开关插头，将其搭铁，如机油报警灯亮说明低压开关失效，需更换。

② 起动发动机，怠速时机油报警灯应熄灭。如机油报警灯常亮，拔下低压开关插头机油报警灯

应熄灭，说明低压开关失效，需更换或低压开关至仪表板线路有短路处。

③ 检查高压开关。将发动机转速稳定在 2 000r/min，如果机油报警灯亮时伴有报警蜂鸣声，可拔下高压开关插头，如报警灯熄灭，报警声也消失，说明高压开关失效，需更换。如拔下插头后仍报警，说明高压开关到仪表盘的线路有短路处。

④ 如果高压开关、低压开关有关线路都正常，则可能是仪表板机油报警单元故障，可更换仪表板上机油报警单元。

如果检查机油压力不正常，机油报警灯亮，说明电路系统正常，属于机械系统故障。如机油压力偏高，超过 6.0bar，说明机油压力调节阀油路堵塞，不能保证正常压力。如果机油压力低于正常，可拆下安装在低压开关处的机油表，装在高压开关处检测机油压力。如检测压力达到正常压力，说明从缸体到缸盖之间油路堵塞。如果压力不正常，机油压力低，可从以下几个方面进行检查修理。

① 检查机油质量，机油是否被稀释，机油过稀、黏度不够会使机油压力降低。

② 机油太脏，应更换机油和机油滤清器。

③ 一般行驶 60 000km 以上的车，保养时需要清洗油底壳，清洗机油泵滤网。

④ 检查清洗机油泵，清理压力调节阀。检查油泵供油量，齿轮泵齿轮磨损极限不超过 0.2mm，轴向磨损极限不超过 0.15mm。

⑤ 检查曲轴大瓦间隙，极限磨损量不超过 0.17mm，间隙大，泄漏量大，造成机油压力低。

⑥ 检查连杆瓦间隙，极限磨损量不超过 0.12mm。

⑦ 检查中间轴间隙，最大不超过 0.25mm。

⑧ 检查凸轮轴间隙，最大不超过 0.1mm。

⑨ 清洗检查各油路，经过维修后，机油压力要达到 3.5bar 以上，才能正常使用。

故障二

1. 故障现象

都市先锋轿车行驶 60 000km，排蓝烟。

2. 故障诊断与排除

排蓝烟意味着机油进入燃烧室燃烧。机油进入燃烧室有两种途径，一种是活塞环磨损，拉缸，机油从曲轴箱窜入燃烧室；另一种是气门导管磨损、气门油封破裂，机油从气门处进入燃烧室燃烧。

蓝烟很轻，且加机油口处无蓝烟，怀疑机油从气门处进入燃烧室。采用单缸断火法判断故障缸，发现当四缸断火后，蓝烟消失，判断四缸为故障缸。拆卸气缸盖，将四缸的进排气门油封更换，故障排除。

故障三

1. 故障现象

一辆捷达车无法起动，且缸压很低。

2. 故障分析

经检查发现机油压力过高，使液压挺柱充油过多，液压挺柱伸长导致气门关闭不严，更换机油泵后故障排除。

故障四

1. 故障现象

奥迪 200C3V6 轿车机油警告灯不熄灭。

2. 诊断及排除

发动机起动后机油警告灯不熄灭，踩油门踏板后灯熄灭，但液压挺杆噪声始终不消失。

经检查，外接压力表测得怠速机油压力低于标准值，拆下机油泵测量转子轴向间隙为 0.15mm。故此故障原因是由于机油泵转子轴向磨损，导致机油压力降低。更换机油泵，故障排除。

2.2.4 冷却系统故障诊断与排除

冷却系统的功用是使发动机得到适度的冷却，从而在最适宜的温度范围内工作。冷却系统的主要故障有发动机温度过高、发动机温度过低。

1. 发动机温度过高

（1）现象。

① 发动机工作时，水箱沸腾，发动机动力性下降。

② 水温表指示水温高，水温报警灯闪亮。

（2）危害。

① 破坏了发动机零部件正常的配合间隙，使发动机性能下降。

② 充气效率降低，发动机动力性下降。

③ 润滑油变稀，易变质。

④ 发动机易发生爆振、早燃。

（3）原因。

发动机温度过高包括有冷却系统与非冷却系统两方面的原因。

非冷却系的原因有发动机方面的，如点火过迟，混合气过稀，润滑油不足，排气门间隙过大；底盘方面的原因有离合器打滑，制动脱滞，底盘轴承过紧；使用方面的原因有长时间顺风行驶，长时间使用低速挡，长时间大负荷运行，长时间超载，天气热。

冷却系统的原因有冷却系统水量不足，百叶窗关闭或开度不够；硅油风扇离合器处硅油泄漏、风扇皮带过松、风扇叶片装反或叶片变形；电动风扇的风扇电机故障，双温开关及线路故障；节温器失效，主阀门打不开；散热器堵塞、冰冻、表面脏污；水泵锈蚀；冷却水道堵、漏、渗、水垢太重；缸垫烧蚀；储液罐破裂；水温传感器失效。

（4）诊断。

① 起动发动机，观察故障的不同症状，如回火、放炮、加速不良、发动机爆燃等，如果发动机

有爆燃、回火、放炮现象，则应检查发动机的点火正时；如果发动机出现加速不良现象，则应检查供油系统；如果没有以上现象，则进行下一步。

② 关闭点火开关，检查百叶窗是否关闭或开度不足。

③ 检查风扇。

a. 检查风扇皮带松紧度是否适当，否则可扳动发电机或动力转向泵进行调整。

b. 检查风扇皮带是否过松、叶片是否变形、风扇离合器是否失效。对电控风扇，检查双温开关，将其短接后风扇立即转动，说明双温开关损坏，若风扇仍不转动，应检查线路熔断器、继电器、风扇电机是否损坏。

④ 检查冷却液。

a. 检查液面，液面高度是否符合要求。

b. 检查冷却液质量，检查冷却液中锈皮或水垢是否过多。

⑤ 检查电路故障。

a. 检查指示系统，可用工具将感应塞中心极与发动机机体作搭铁试验。若搭铁后水温表指针摆动，则说明水温表良好；若水温表指针不动，则表明水温表有故障。

b. 检查温控开关及装置。当散热器温度升到93℃～98℃时，风扇开始转动；当散热器温度下降到88℃～93℃时，风扇停止转动。否则应进行检修。

⑥ 检查散热器。检查散热器外部和内部清洁情况。散热器外部有泥土、油污或散热器因碰撞而变形，均影响流过的风量，导致发动机温度过高，应清洗或调整。散热器内部积有水垢将会影响冷却液传热，应用化学剂清洗。

⑦ 检查节温器。

a. 用手触试发动机缸体、缸盖和小循环通水管，正常情况时温度差应不大，且很烫。如果触试缸盖至散热器的通水管和散热器上部感到不烫，触试散热器下部及下部通水管感到温度很低，则说明节温器大循环阀门打不开。

b. 拆下节温器，将节温器悬挂在水中加热并放入温度计，检查阀门开始开启和完全开启时的温度以及全开时阀门的升程。

⑧ 检查水泵。检查水泵皮带的松紧度；检查水泵的泵水能力。

⑨ 检查发动机机械方面是否有故障。

发动机过热的诊断框图如图2-13所示。

2. 发动机温度过低

发动机温度过低的现象一般出现在寒冷的冬季或在高寒地区行驶过程中。

（1）故障现象。

① 汽车长时间行驶后，发动机的温度仍达不到正常的工作温度。

② 发动机动力性下降。

③ 燃油消耗增加。

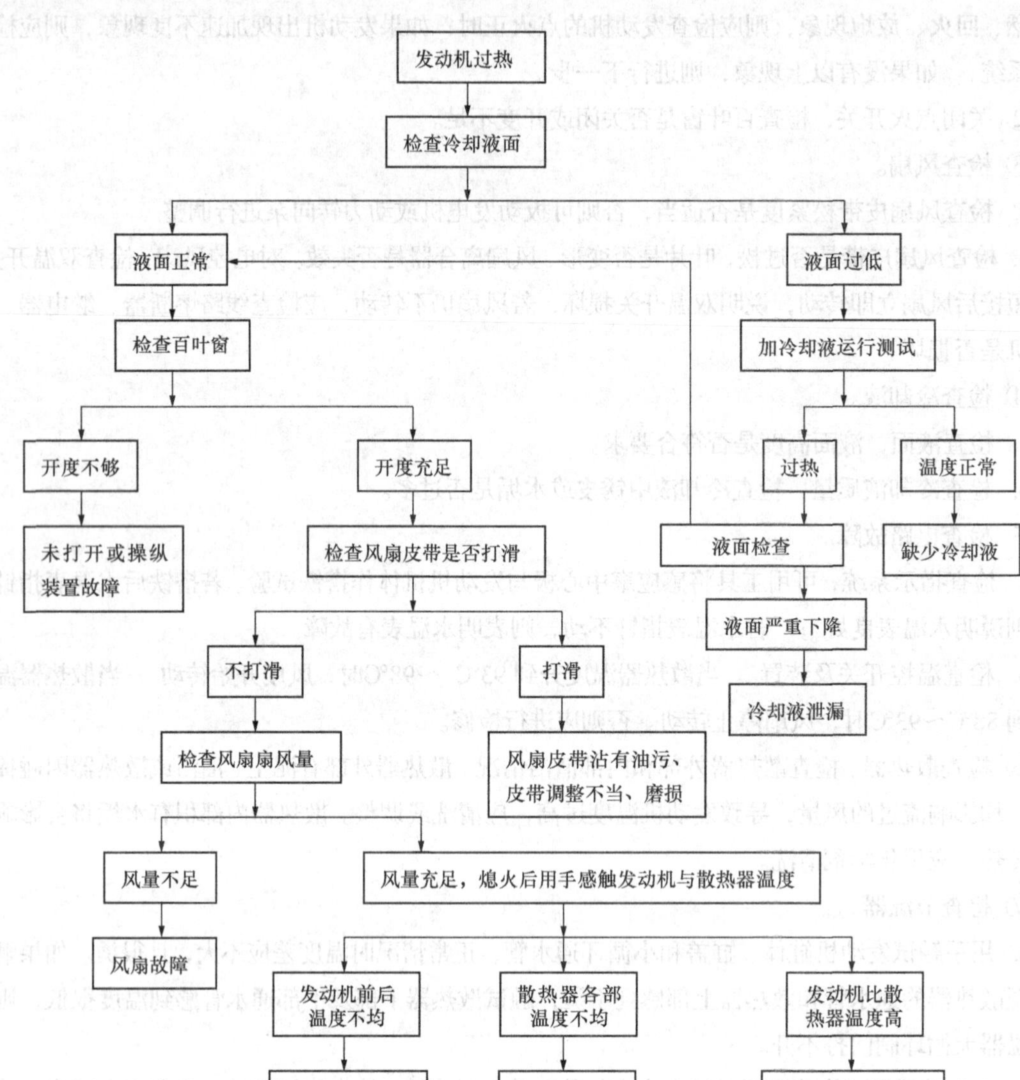

图2-13 发动机过热的诊断框图

（2）故障原因。

① 环境温度太低，无保温措施。

② 百叶窗未关闭或无法调节。

③ 节温器失效。

④ 风扇的双温开关损坏。

⑤ 发动机润滑油过多。

（3）诊断。

发动机水温过低的诊断框图如图 2-14 所示。

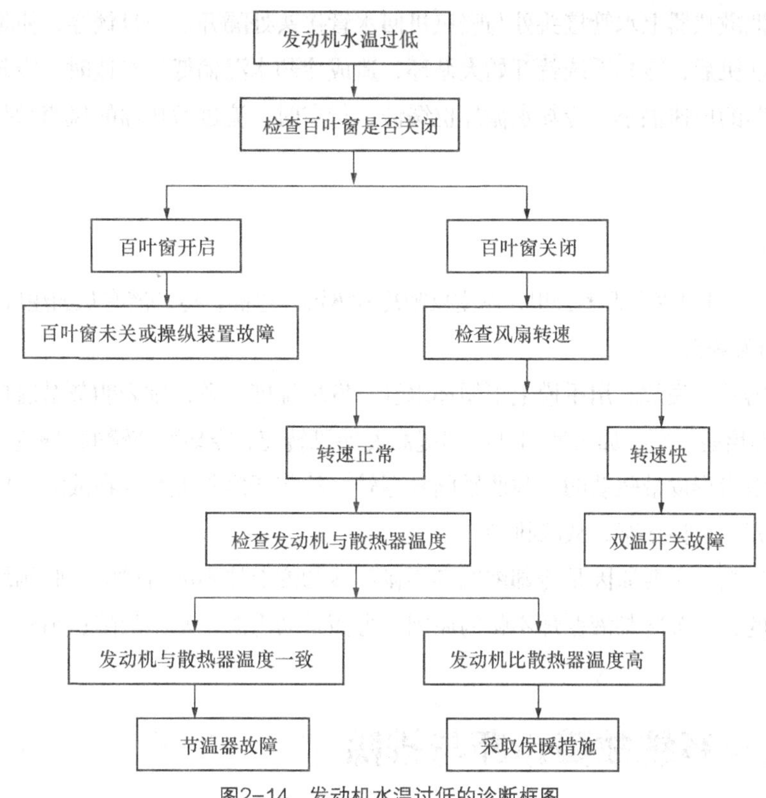

图2-14 发动机水温过低的诊断框图

故障实例分析

故障一

1. 故障现象

一辆桑塔纳 2000 GLi 乘用车，发动机运转一段时间后，冷却液就不断地从储液箱盖上冒出。

2. 故障诊断

逐一检查节温器、热敏开关和水泵，均正常；清洗散热器，故障未能排除；最后检查气缸衬垫，并对气缸盖、气缸体水套进行水压试验，均正常。此后发现，发动机“开锅”时冷却液温度表指示温度值并不高，于是怀疑是一种“假开锅”现象。于是仔细检查了储液箱盖，发现箱盖上压力阀关闭不严。正常情况下，储液箱盖上压力阀的开启压力为（130±10）kPa。如果压力阀弹簧损坏，冷却系统内循环流动的冷却液就会不受控制地往外流，造成一 种类似“开锅”的假象。排除方法为更换储液箱盖。

故障二

1. 故障现象

BJ213 越野车，怠速时冷却水温上升缓慢，经长途行车后，水温反而下降到 50℃～60℃。检查相关零部件，未见异常。后来发现节温器壳的隔板已锈蚀穿孔。更换节温器壳后，冷却水温达到要求。

2. 故障分析

节温器隔板把散热器上水管接头处与暖风机回水管接头处隔开，一旦锈穿，使暖风机回水流向散热器，起动发动机后，冷却系统就开始大循环，造成冷却水温偏低。怠速时，冷却水温能缓慢上升是因流过散热器的风速很小，冷却水循环也缓慢；行车时，流过散热器的风速增强，故水温反而下降。

故障三

1. 故障现象

一辆捷达王，行驶里程七万多公里，车主反映冷却液温度过高，冷却液有从加注口往外溢的现象。

2. 故障分析及排除

先判断节温器是否失效。用手摸上下循环水管，发现温度一致，则表明节温器功能正常。检查水箱，水箱上下温度也一样。加大油门开度即提高发动机转速，冷却液液罐的回量基本上没有改变，因为冷却液泵是由齿形皮带驱动的，与曲轴同步运转，故判断冷却液泵存在故障。拆检后发现水泵叶轮与驱动轴脱开。更换水泵，故障排除。

冷却液温度过高，主要原因是冷却液循环不畅和冷却液散热不够造成的。此例故障是由于冷却液循环不畅造成的，有关冷却液循环不畅的原因一方面是动力源—水泵故障；另外一方面是冷却液管堵塞造成的。

2.2.5 点火系统故障诊断与排除

汽油发动机的点火系统取消了传统的触点式断电器而采用无触点电子点火，目前汽车上使用的电子点火系统包括普通电子点火系统和微机控制点火系统。普通电子点火系统用点火信号发生器取代断电器触点产生触发或控制点火的信号，由多功能点火器控制点火线圈初级电流的通断。微机控制点火系统是由普通电子点火系统发展而来，实现了对发动机各种工况点火时间的最佳控制。

普通电子点火系统按点火信号发生器的类型不同分为磁感应式电子点火系统和霍尔式电子点火系统，主要由蓄电池、点火开关、信号发生器、点火器、点火线圈、分电器、高压线和火花塞等组成，图 2-15 所示为捷达轿车霍尔式电子点火系统组成示意图。

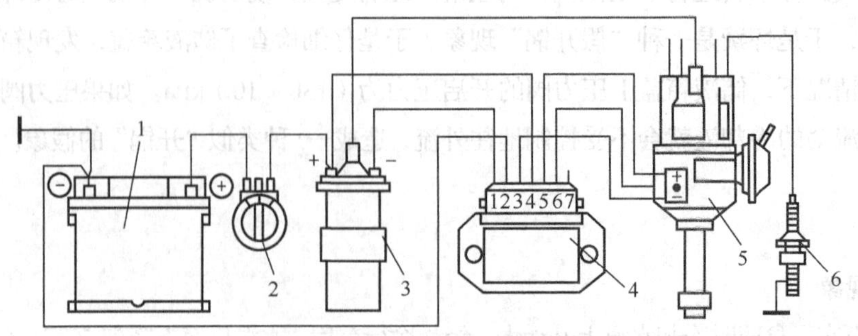

图2-15 捷达轿车霍尔式电子点火系统组成示意图

1—蓄电池；2—点火开关；3—点火线圈；4—点火器；5—内装霍尔信号发生器的分电器；6—火花塞

点火系统故障表现为高压线无火或者火弱，可分为低压电路故障、高压电路故障以及点火不正时故障。

点火系统故障多采用试火的方法进行判断拔下任意分缸高压线，插入一个备用火花塞，并将火花塞抵触到缸体上（如有正时灯，可将正时灯的感应夹直接夹在待测高压线上）。起动发动机进行跳火试验，火花呈蓝白色或紫蓝色为正常。如果无火、火花很弱或火花发红表示点火系统有故障。

进行点火系统故障诊断时，可通过分缸线和中央高压线试火，确定故障所在区域。若分缸线试火正常，则为火花塞故障或点火不正时；若分缸线火花不正常，则进行中央高压线试火。若中央高压线试火正常，则为高压电路故障；若异常，则为低压电路故障。

1. 点火系统故障分析

（1）低压电路故障。

① 故障原因。低压电路故障主要是线路断路、短路或搭铁及元件损坏。

a. 点火开关损坏（断路或搭铁）。

b. 低压线路断路、搭铁或连接器接触不良。

c. 点火线圈损坏（初级线圈断路、短路）。

d. 分电器固定底板搭铁不良，搭铁线松动或断开，触发轮搭铁不良等。

e. 点火控制器损坏、搭铁不良或连接器接触不良。

f. 点火信号发生器（传感器）失效。

② 故障诊断。

a. 用试灯或万用表等检测低压线路有无断路、短路或搭铁不良现象。

b. 检查点火开关是否良好。

c. 检查点火线圈。可采用试火法、测电阻法、换件比较法等。初级线圈电阻值一般为 1.3～1.7 Ω，次级线圈电阻值一般为 10.7～14.5 kΩ。同时应检查点火线圈的绝缘性能。

d. 检查点火控制器（点火器）。下面以桑塔纳发动机为例，说明霍尔式点火控制器的检测方法。检查前，可预先检查并确保电源电压及搭铁正常。

电源电压及搭铁的检查。拔掉点火器连接器，把电压表接在连接器上的电源线端子和搭铁线端子或壳体之间。打开点火开关，测得的电压应为蓄电池电压。也可以接在点火线圈正极接线柱（+）和点火器壳体上检测。

关闭点火开关，重新插上连接器；拆下分电器上的霍尔信号发生器连接器，将电压表接在点火线圈接线柱（+）和（−）上。打开点火开关，此时电压应不低于 2 V，并在 1～2 s 后必须下降为 0（即瞬间不低于 2 V），否则应更换点火控制器。

模拟检查。快速将分电器连接器的中间导线拔出并间断搭铁，电压值在瞬间不应低于 2 V。或用中央高压线试火，应有强火花出现。否则说明有断路故障，应予以排除，必要时更换点火控制器。

检测输出电压。关闭点火开关，将电压表接到霍尔信号发生器连接器的外接点（端子 5）上，打开点火开关，电压应不小于 5 V。如小于 5 V，表明霍尔信号发生器连接器与控制器之间断路，应予

以排除。

e. 检查点火信号发生器（霍尔传感器、曲轴位置传感器）。桑塔纳点火信号发生器的检查过程为：从分电器上拔下高压线并搭铁（可用辅助线）；拨开点火控制器连接器的橡皮套管（不拆下连接器），将电压表接在控制器点火信号线端子 6 和传感器搭铁线端子 3 之间。打开点火开关，缓慢转动发动机，应输出脉冲电压，否则说明霍尔信号发生器有故障，应予以更换。

（2）高压电路故障。

① 故障现象。

a. 低压电路正常，中央高压线无火或火弱。

b. 中央高压线火花正常，而分缸线无火。

c. 分缸线火花均正常，发动机却难以起动。

② 故障原因。

a. 点火线圈次级线路断路、插孔脏污、潮湿、漏电及性能下降等。

b. 高压线漏电，阻尼式高压线端头烧损或防干扰插头损坏。

c. 分电器盖漏电、窜电、破裂等。

d. 分火头漏电、烧蚀、有裂纹等。

e. 火花塞工作不良，如烧蚀、积炭、油污、裂损、漏电及间隙不当、型号不符等。

③ 故障诊断。

利用中央高压线和分缸线试火，若低压电路正常，中央高压线无火或火弱，故障主要在点火线圈和高压线；若中央高压线火花正常，而分缸线无火，故障主要在分电器盖、分火头和分缸线；若分缸线火花均正常，则故障在火花塞。

a. 检测点火线圈（次级）的阻值和性能。可采用试火法和测阻值法进行检测。

b. 检查高压导线。检查高压导线外表绝缘层是否破损漏电，测量每根高压线的电阻，最大不得超过 25 kΩ。

c. 检查分火头。检查分火头是否有裂纹、漏电等，测量分火头电阻，应符合规定。桑塔纳分电器分火头阻值为（1 ± 0.4）kΩ。

d. 检查分电器盖是否漏电、窜电、有无裂纹等。

e. 拆检火花塞，注意其电极间隙、型号是否相符，有无烧损现象。

（3）点火正时不准。

点火正时不准故障主要为点火错乱、点火过早或过迟。

① 故障现象。发动机在起动时有发动迹象，并时有回火、放炮现象出现。

② 故障原因。

a. 分电器盖窜电，分缸线错乱或分电器盖错位 180°。

b. 点火正时调整不当，配气正时变动或分火头自行错位。

c. 分电器固定螺栓松动，分电器轴与离心调节板静配合松动严重等。

d. 真空点火提前调节装置失效。

③ 故障诊断。若点火过早，熄火时发动机有反转趋势。若点火过迟，发动机转动无力并时有回火、放炮现象。当点火次序与做功次序不一致，即点火错乱时，也会出现无规则回火、放炮现象。因此点火正时故障造成发动机不能发动时，必须检查和调整点火提前角。桑塔纳发动机点火正时的调整过程如下。

a. 将发动机飞轮上的点火正时标记与飞轮壳上的标记对齐，使发动机一缸活塞处于压缩上止点，同时将凸轮轴带轮上的配气正时标记对正。

b. 使汽油泵驱动轴与分电器轴相接的偏端部与发动机曲轴方向平行，并将分火头指向分电器壳上的第一缸标记。

c. 固定分电器，安装分电器盖，按点火次序，顺分火头转动方向，插上各缸分缸线。

d. 起动发动机并热车，进行无负荷加速试验。突然打开节气门时，发动机应加速良好。如果加速不良且有突爆声，则为点火过早；如果加速不良且发闷，排气管有“突突”声，则为点火过迟。顺分火头转动方向转动分电器壳，点火推迟；反之，则点火提前。

e. 路试检查。

2. 不同形式点火系统的故障诊断与排除

（1）霍尔式无触点点火系统常见故障的诊断与分析。霍尔式无触点点火系统电路如图 2-16所示。

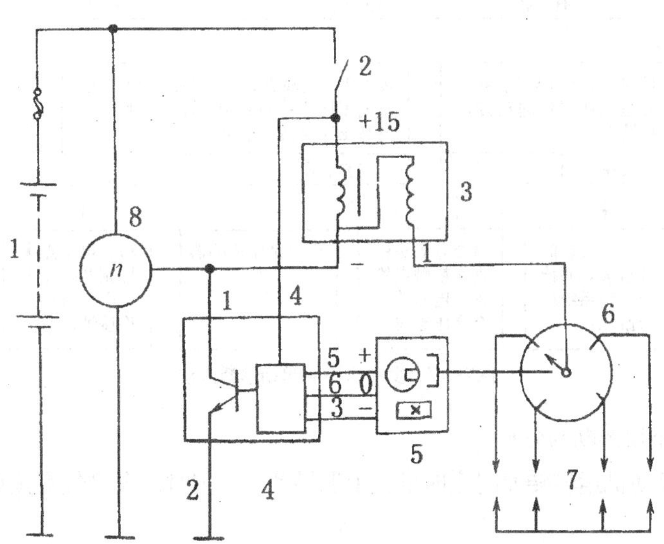

图2-16 霍尔效应式无触点点火系

1—蓄电池；2—点火开关；3—点火线圈；4—点火模块；5—霍尔传感器；6—分电器；7—火花塞；8—发动机转速表

① 简易法判断霍尔传感器故障。霍尔式无触点点火系统中比较重要的两个部件是电子点火器和霍尔传感器。在实际维修中如何判断这两个部件是否有故障是十分重要的，下面介绍一种简易判断霍尔传感器故障的方法。

关闭点火开关，从分电器上将霍尔传感器的三孔插头拔下，拔下分电器上的中央高压导线，使

其对机体 5～7mm 试火，打开点火开关，在霍尔传感器插头上用一根导线间断地短接“–”和“0”两触点，观察中央高压导线试火火花。如果有火花跳出，一般说明故障在霍尔传感器；如果没有火花，应进一步检查电子点火器及线路连接情况。

② 发动机不能起动故障诊断与分析。

a. 故障现象。点火开关打至起动挡时，起动机能够带动发动机运转，但发动机没有着火迹象。

b. 故障原因。当发动机因点火系统的故障不能起动时，故障可能出现在低压电路，也可能出现在高压电路。主要原因有霍尔传感器故障；点火控制器故障；点火线圈故障；分火头故障；炭精触点故障；高压导线或火花塞故障；线路故障；点火正时不正确。

c. 故障诊断与分析。发动机不能起动可采用高压导线对机体试火的方法进行诊断。具体方法如图 2-17 所示。

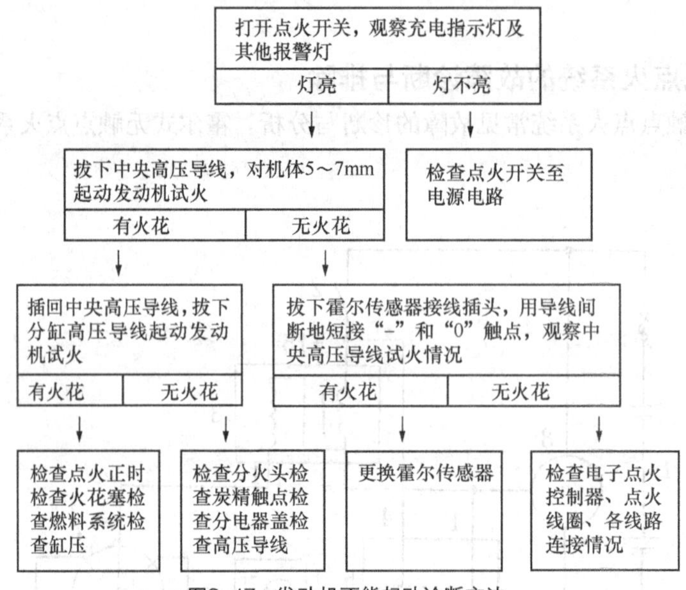

图2–17 发动机不能起动诊断方法

③ 发动机运转不稳诊断与分析。

a. 故障现象。发动机运转转速时高时低，出现抖动，严重时出现排气冒黑烟、排气管放炮或回火等现象。

b. 故障原因。发动机运转不稳，由点火系统故障引起的原因有点火正时调整不当；火花塞积炭严重；高压线路中（分火头、高压线、分电器盖）有漏电；点火线圈故障；点火提前调节装置故障。

c. 故障诊断与分析。发动机工作时，如果点火线圈温度超出正常温度，用手接触烫手时，说明点火线圈工作欠佳，应予以更换。在点火线圈正常的情况下，发动机运转不稳，点火系统故障主要在高压部分，可按图 2-18 方法进行诊断。

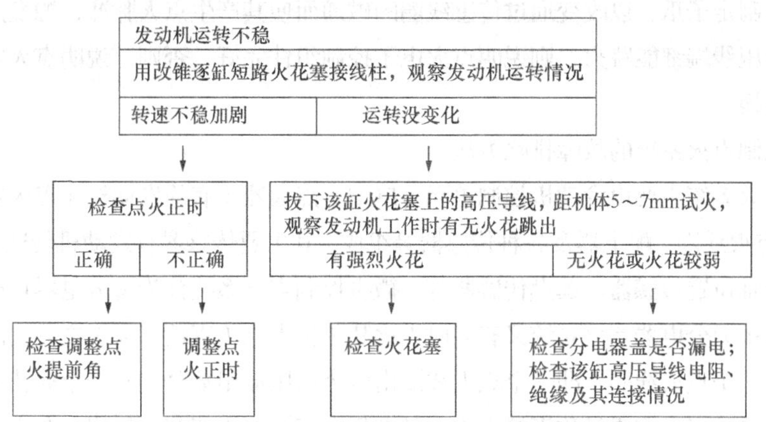

图2-18 发动机运转不稳诊断方法

（2）磁感应式无触点点火系统常见故障的诊断与分析。磁感应式无触点点火系统电路如图 2-19 所示。

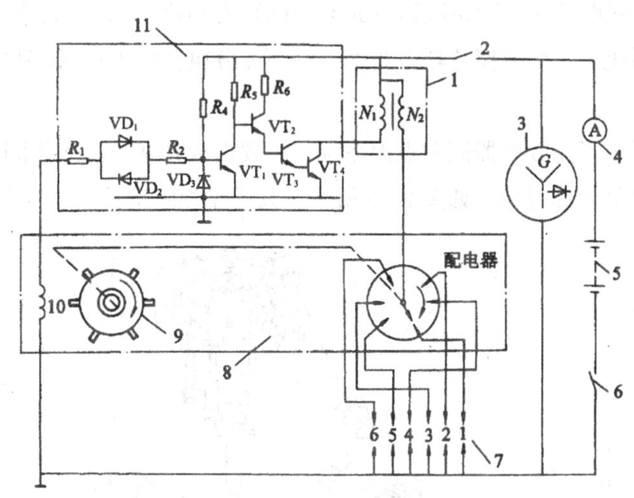

图2-19 磁感应式无触点点火系统电路

1—点火线圈；2—点火开关；3—硅整流发电机；4—电流表；5—蓄电池；6—电源总开关；7—火花塞；8—无触点分电器；9—磁脉冲式点火信号发生器；10—传感线圈；11—电子点火器

发动机不能起动时，怀疑磁感应式无触点点火系统有问题，可将分电器盖上中央插孔的高压线拔出，使其端头距缸体 5～7 mm，然后起动发动机，观察线端是否跳火，如确认无火，则说明点火系统有故障，应予以检查。

首先检查电气线路中的导线连接情况和各插接件的接触是否良好，因为这些部位的故障率远比点火信号发生器和电子点火器的故障率要高。如无问题应进一步检查点火信号发生器、电子点火器和高能点火线圈。

在确认点火信号发生器正常的基础上，可通过跳火试验法对电子点火器进行检查。将分电器盖拆下，并拔出分电器盖上的中央高压线，使其端头离开缸体 5～10 mm，接通点火开关，然后用一把改锥迅速地碰刮定子爪，以改变通过传感线圈的磁通而使其产生点火脉冲，触发点火电子组件。若每次碰刮时高压线端都能跳火，则说明点火电子控制组件完好，否则，说明点火电子控制组件有故障，应予以更换。

（3）微机控制点火系统的故障排除方法。

微机控制点火系统主要由发动机控制单元（ECU）点火器（有的发动机无点火器，点火控制电路在 ECU 内）点火线圈、配电器及各种传感器等组成，其主要传感器有发动机转速传感器、曲轴位置传感器、凸轮轴位置传感器、爆燃传感器等。微机控制点火系统分为有分电器点火系统和无分电器点火系统，其中无分电器点火系统又有同时点火和单独点火（直接点火）之分。同时点火方式就是两个气缸共用一个点火线圈，即一个点火线圈由两个高压输出端分别与一个火花塞相连，对两个气缸同时点火。单独点火方式又称直接点火，是在每个气缸的火花塞上配用一个点火线圈，单独对一个气缸点火。各种类型的微机控制点火系统在现代轿车上均有广泛应用，如红旗轿车发动机、桑塔纳 2000AFE 发动机、雷克萨斯 LS4001UZ-FE 发动机、广州本田发动机等采用了分电器式微机控制点火系统；捷达五阀发动机、Audi V6 发动机、Audi A6 六缸发动机、上海别克发动机等采用了无分电器同时点火系统；帕萨特 B5 发动机和 Audi A6 四缸发动机、尼桑风度发动机、尼桑阳光发动机等采用了直接点火系统。下面以捷达轿车为例，介绍无分电器电子点火控制系统的故障诊断和检测方法。

捷达轿车发动机采用了无分电器同时点火系统，主要由火花塞、点火线圈、爆燃传感器、霍尔传感器、高压线及控制单元等组成，如图 2-20 所示。其常见故障部位见表 2-4。

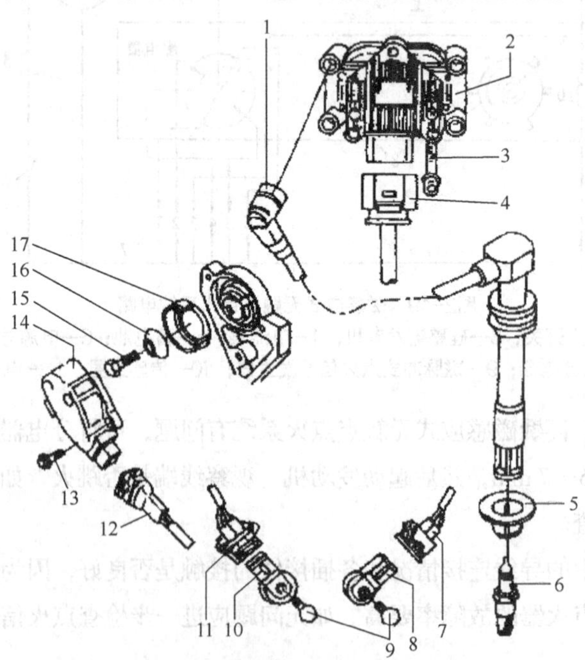

图2-20 捷达轿车点火系统的组成

1—点火高压线；2—点火线圈；3、9、13、15—紧固螺栓；4、7、11、12—连接器；5—盖；6—火花塞；8、10—爆燃传感器；14—霍尔传感器；16—垫片；17—霍尔传感器隔板

表 2-4　　　　捷达轿车点火系统的常见故障部位

故障部位	故障现象
控制单元	无火、点火正时失准导致发动机无法起动或工作不良
点火线圈及末级功率	无高压火花或火花强度不足导致发动机无法起动、起动困难或工作不良
火花塞	间隙不当、烧损、漏电、型号不符导致无火或火花弱
霍尔传感器	无信号或信号不良导致无火或点火正时失准
爆燃传感器	无信号或信号不良导致点火正时失准
高压线	漏电、性能不良导致火弱

① 火花塞的检查。火花塞电极间隙为 1 mm，拧紧力矩为 30 N · m，应无漏电、烧蚀现象。

② 霍尔传感器的检查。

a. 从霍尔传感器上拔下黑色三孔连接器。

b. 用 V.A.G1594 的辅助导线将万用表连接到连接器线束端子 1 和 3 上测量电压，如图 2-21 所示。

c. 打开点火开关。正常电压不小于 4.5 V。

d. 关闭点火开关，如果没有电压，则将检测盒 V.A.G1598/22 接到控制单元线束上，检查检测盒与传感器连接器之间有无断路或短路情况。端子 1 与插孔 62、端子 2 与插孔 76、端子 3 与插孔 67 间导线电阻最大为 1.5 Ω。

e. 如果确定导线无故障，且端子 1 与 3 之间有电压，则更换霍尔传感器（G40）。

f. 清除故障码，如果还显示凸轮轴传感器（霍尔传感器）的故障，则可能是霍尔传感器的转子隔板扭偏故障。

g. 拆下霍尔传感器，检查凸轮轴上的转子隔板在凸轮轴上的安装是否正确（如果安装错误，则在拧紧固定螺钉时会压扁定位凸缘），如果转子隔板的位置正确，则检查曲轴或凸轮轴的配合。

h. 如果以上检查均正常，则故障在控制单元 J220，应更换。

③ 爆燃传感器的检查。

a. 将检测盒 V.A.G1598/22 接到控制单元线束上。

b. 从爆燃传感器 1（G61）上拔下黑色连接器，从爆燃传感器 2（G66）上拔下棕色连接器。

c. 检查检测盒与爆燃传感器连接器之间导线有无断路。爆燃传感器 1（G61）端子 1 与插孔 68、端子 2 与插孔 67，导线电阻最大为 1.5 Ω。爆燃传感器 2（G66）端子 1 与插孔 60、端子 2 与插孔 67，导线电阻最大为 1.5 Ω。

d. 检测爆燃传感器端子之间的电阻，正常值为无穷大，否则应更换爆燃传感器。

e. 如果确定导线没有故障，松开爆燃传感器，然后再用 20 N · m 的力矩拧紧。

f. 试车，使发动机冷却液温度达到 80℃以上。

g. 重新读取故障码，如果故障仍然存在，则更换爆燃传感器。

④ 点火线圈及次级电阻的检查。

a. 从点火线圈 2 上拔下四孔连接器。

b. 检查供电电压。

用万用表及 V.A.G1594 的辅助导线测量已拔下的连接器端子 2 与 4 之间的电压，如图 2-22 所示。打开点火开关，规定值至少 11.5 V。如果没有电压，检查四孔连接器端子 4 与搭铁之间有无断路，导线电阻最大 1.5 Ω。

检查四孔连接器端子 2 与中央继电器盒之间的导线有无断路，导线电阻最大 1.5 Ω。

c. 控制功能的检查。在控制功能的检查过程中不允许触摸点火线圈连接件及检测导线。

拔下 18 号熔断器，用 V.A.G1594 的辅助导线将二极管测试笔 V.A.G1527 接到已拔下的连接器端子 1 和 4（点火输出 1）3 和 4（点火输出 2）上。

起动发动机，检查发动机控制单元的点火信号，发光二极管必须闪亮。如果发光二极管闪亮，且端子 2 与 4 之间有电压，则更换点火线圈。

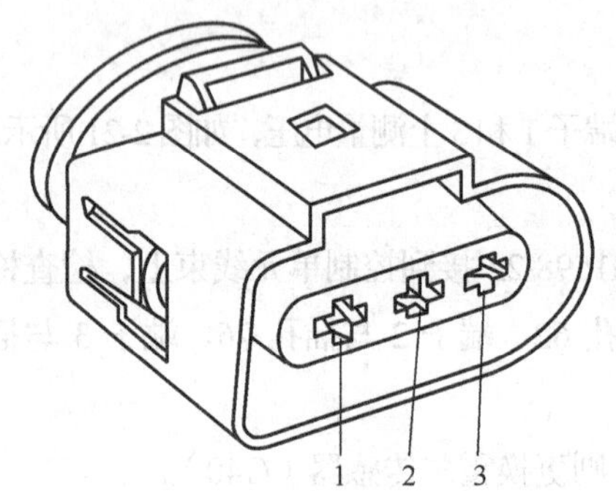

图2-21 霍尔传感器插头

1、2、3—插头端子

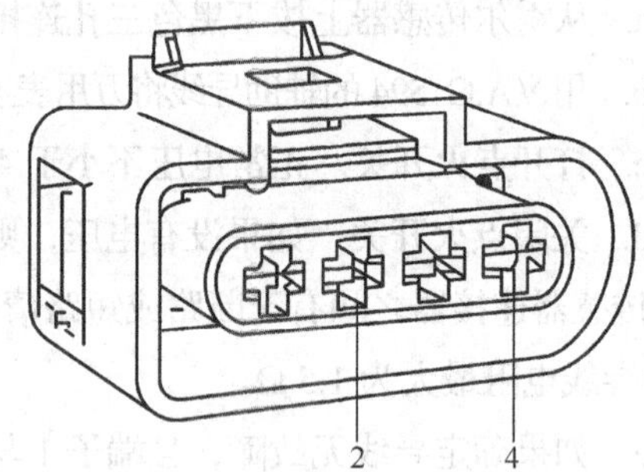

图2-22 桑塔纳2000点火线圈连接器

如果发光二极管不闪亮，将检测盒 V.A.G1598/22 接到控制单元线束上，检查检测盒与四孔连接器之间的导线有无断路，端子 1 与插孔 71，端子 2 与插孔 78，导线电阻最大 1.5Ω。

检查端子 3 与插孔 78 之间的电阻，规定值为无穷大。

如果确定导线无故障，且端子 2 与 4 之间有电压，则更换发动机控制单元。

d. 检查次级电阻。在点火线圈连接器 4 上用欧姆表检查 1 缸和 4 缸、2 缸和 3 缸之间的次级电阻，如图 2-23 所示。规定值为 4.0～6.0 kΩ。如果没有达到规定值，则更换点火线圈。

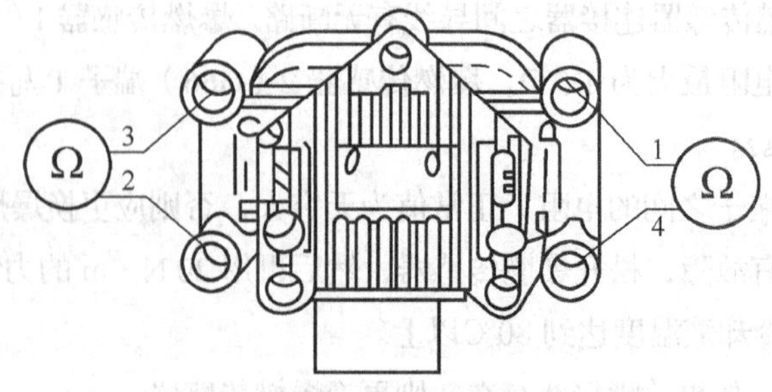

图2-23 桑塔纳2000发动机点火线圈次级电阻的检查

1、2、3、4—连接器

2.2.6　发动机起动系统故障诊断与排除

在一些起动机功率小于 1.2kW 的轿车电路中，能够见到由点火开关直接控制的起动电路，点火开关在起动挡直接控制起动机的吸拉、保持线圈，如图 2-24 所示。

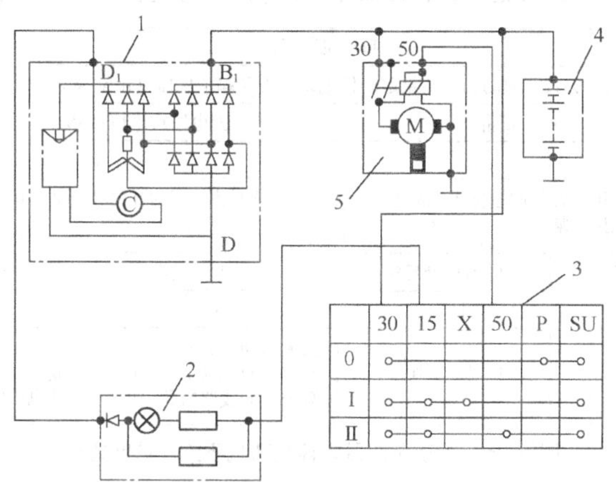

图2-24　捷达轿车电源系统电路

1—发电机及调节器；2—充电指示灯；3—点火开关；4—蓄电池；5—起动机

为了防止发动机在运转中误操作起动机，在点火锁中设有防重复起动的锁定装置。点火开关拨至起动挡一次后，欲重新起动发动机，必须把钥匙转回到点火开关的关闭位置后方可进行。

对于装有自动变速器的车辆，如果点火开关拨至起动挡，起动机没有反应，首先要确认自动变速器的操纵杆是否处在 N 或 P 挡，只有在 N 或 P 挡才允许起动机工作。

1．起动机不工作

（1）故障现象。点火开关拨至起动挡，起动机没有反应。

（2）故障原因。

① 蓄电池严重亏电。

② 蓄电池接线柱氧化严重。

③ 线路接触不良或有断路处。

④ 点火开关故障。

⑤ 起动机电磁开关故障。

⑥ 起动电动机有故障。

⑦ 自动变速器不在 N 或 P 挡（自动变速器车辆）。

⑧ 自动变速器多功能开关有故障（自动变速器车辆）。

⑨ 自动变速器控制单元有故障（自动变速器车辆）。

（3）故障诊断与分析。手动变速器车辆可使用万用表进行检测。在确保蓄电池有电、起动机电磁开关各接线以及各搭铁线接触良好的前提下，参照图 2-24，按图 2-25 进行故障诊断。

自动变速器车辆首先要确认自动变速器是否处在 N 或 P 挡，在蓄电池有电，起动机电磁开关各接线以及各搭铁线接触良好的前提下，可在起动机处用导线短接30与50端子，若起动机不工作，则说明故障在起动机自身（此时可进一步进行诊断，用较粗导线在起动机处瞬间短接30端子与电枢接头，若电机运转，则说明故障在电磁开关；否则说明故障在电机内部）；若起动机工作，需在起动继电器处进一步进行诊断，在确认各接线良好且点火开关起动供电正常的前提下，借助专用仪器（如大众车系使用VAG1551或VAG1552）对自动变速器的多功能开关和控制单元进行诊断，若无故障，说明故障在起动继电器。

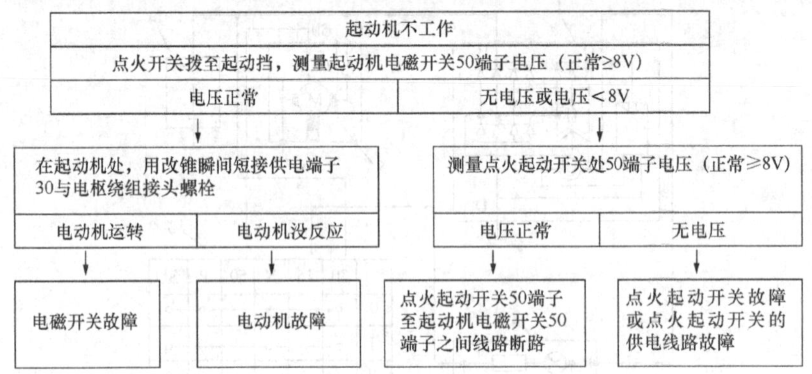

图2-25 手动变速器车辆起动机不工作诊断方法

2. 起动机运转无力

（1）故障现象。起动时，发动机转速太低不能起动。

（2）故障原因。

① 蓄电池亏电。

② 线路接触不良或接线柱被氧化。

③ 起动机自身故障。

④ 发动机转动阻力太大。

（3）故障诊断方法。在正确使用发动机机油和具有合适的V形皮带张紧度的情况下，可按图2-26进行故障诊断。

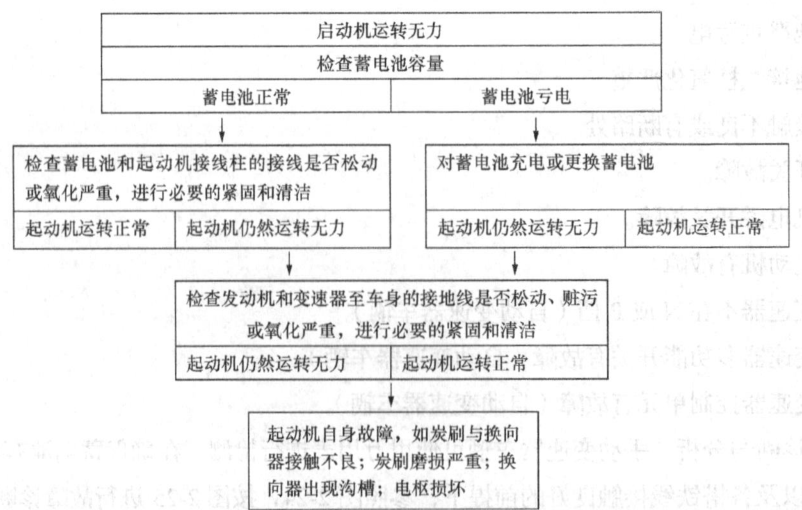

图2-26 起动机运转无力诊断方法

3. 起动机空转

（1）故障现象。接通点火开关的起动挡，起动机只是空转，不能带动发动机运转。

（2）故障原因。

① 单向离合器打滑或损坏。

② 拨叉变形，啮合弹簧折断或过软。

③ 起动机电磁开关接通时调整过早或起动机固定螺钉松动。

④ 驱动齿轮或飞轮齿环磨损过度或损坏。

（3）故障诊断与排除。

① 起动机空转时转速很高，可听到高速转动的“嗡嗡”声，但发动机不转。一般为单向离合器打滑。应检查单向离合器制动力矩，并予以修理调整或更换。

② 起动机空转时伴有齿轮撞击声。应检查啮合弹簧是否折断或过软，起动机电磁开关调整是否合适，起动机固定螺钉是否松动等，并依据情况予以修理。

4. 起动机运转不停

（1）故障现象。发动机起动后即出现尖叫声，起动机被发动机带动高速旋转不能停下或起动较长时间后起动机才停止运转。

（2）故障原因。

① 起动机的单向离合器卡死。

② 起动机安装不当，齿侧间隙过小，造成驱动齿轮与飞轮齿一直处于啮合状态。

③ 起动机的引铁回位弹簧弹力过弱或折断。

④ 继电器触点或电磁开关触点烧结。

（3）故障诊断与排除。起动机完成发动机起动任务后，当点火开关回位在正常工作挡位时，如起动机仍运转不停，此时应立即关掉点火开关。若发动机熄火，则应检查起动机安装是否良好，齿侧间隙是否过小，单向离合器是否卡死，起动机驱动齿轮或引铁回位弹簧是否折断或过弱。如关闭点火开关后，发动机仍带动起动机高速旋转，则应立即切断电源总开关，以防损坏起动机。此故障一般是起动继电器触点或电磁开关触点烧结所致，应根据情况予以修理。

2.2.7 发动机综合故障诊断与排除

发动机起动困难、怠速不良和动力不足是汽油发动机经常出现的故障，故障现象不同，其形成原因也不相同。汽油发动机产生故障，往往涉及发动机的多个系统，属于综合性故障，在显现主要故障征兆的同时，还会伴随有其他故障现象出现，如发动机进气管回火、排气管放炮、排气管排蓝烟、发动机燃油消耗过大、发动机过热、异响等。汽油发动机的电子控制系统易出故障，故障部位一般在空气流量计、节气门体、冷却液温度传感器、曲轴位置传感器、凸轮轴位置传感器、火花塞、点火线圈、点火控制模块、氧传感器、怠速控制阀、EGR 阀、汽油压力调节器、喷油器、汽油泵、空气滤清器、进气歧管或电子控制单元等。

现代汽车的电子控制系统均具有功能强大的自诊断功能，电子检测仪器与其同步发展，许多汽车生产厂家的专用故障检测仪功能越来越多，不仅可以查询故障码，进行静态时的基本检测，还可以进行动态检测，读取测量数据流。由于汽油发动机的综合故障涉及原因较多，而其电子控制系统又极为复杂，因此在进行故障诊断时，一般先利用仪器进行读码、检测，排除电子控制系统的故障，然后再检查、排除油路和机械故障。

读取故障码并按故障码的提示和说明排除故障是诊断发动机综合故障最为有效的方法。在故障检测仪显示屏或故障码表中，故障部位和故障原因一目了然，快捷方便，利用故障码表确定故障范围可大大缩短诊断时间，提高诊断效率。

发动机电控系统常见故障现象及原因见表 2-5。

表 2-5　　发动机电控系统常见故障现象及原因

故障现象	故障原因
起动困难	① 起动转速低，应检查蓄电池电量，电路接触状况、起动机状态 ② 点火系统工作不良，高压火花较弱 ③ 燃油泵供油压力不足，油路堵塞等 ④ 冷起动喷油器及其控制回路工作不良 ⑤ 怠速系统工作不良 ⑥ 点火时间过早或过晚 ⑦ 冷却液温度传感器不良 ⑧ 进气系统严重漏气，混合气过
怠速不稳	① 进气系统漏气，混合气过稀 ② 冷起动喷油器漏油 ③ 怠速系统工作不正常或怠速调整不当 ④ 各缸喷油器喷油不均 ⑤ 气门间隙不当
热车怠速不稳	① 怠速系统工作不良 ② 氧传感器不良，热车无修正信号 ③ 冷却液温度传感器工作不良 ④ 废气再循环系统工作不良 ⑤ 点火系统工作不良
发动机回火	① 混合气过稀、燃烧速度缓慢 ② 点火系统不良或点火时间过晚 ③ 燃油供给系统不良，供油不足 ④ 进气系统漏气，混合气过稀 ⑤ 气门间隙不当 ⑥ 排气不畅 ⑦ 点火顺序错乱 ⑧ 进气门关闭不严

续表

故障现象	故障原因
发动机放炮	① 混合气过浓 ② 排气门关闭不严 ③ 点火时间过晚 ④ 点火顺序错乱
发动机加速不良	① 燃油压力低，供油不畅 ② 点火系统不良或点火正时不当 ③ 发动机配气系统工作故障 ④ 空气流量传感器或进气压力传感器工作不良 ⑤ 发动机磨损严重，气缸压缩力不足
发动机间歇故障	① 电线接头松动，接触不良 ② 点火系统性能不稳定 ③ 真空管漏气 ④ 其他偶发故障

在对发动机电控系统进行故障诊断时，必须先获取该型号发动机的技术资料，掌握电控系统工作原理及主要元器件的技术参数，了解某一元器件的功能及发生故障时的特征。根据故障特征确定诊断思路，查找故障部位。发动机电控系统主要元件的功能及故障表现见表 2-6。

表 2-6　　发动机电控系统主要元件故障现象

元件名称	功能	故障现象
ECU	对各传感器输入信号进行分析、处理，发出各种控指令	① 发动机无法起动 ② 发动机工作不良
点火线圈	产生点火高压	① 无高压火花 ② 高压火花强度不足 ③ 发动机无法起动
点火控制模块	将点火信号放大后，控制点火线圈初级电路的通断	① 无高压火花 ② 高压火花强度不足 ③ 发动机无法起动
空气流量计	检测单位时间内的空气流量	① 起动困难 ② 怠速不稳 ③ 发动机动力不足，加速不良 ④ 发动机油耗大
进气歧管压力传感器	通过检测进气歧管绝对压力来检测进气量	① 起动困难 ② 怠速不稳 ③ 发动机油耗大 ④ 发动机动力不足，加速时不良

续表

元件名称	功能	故障现象
大气压力传感器	将不同海拔高度时测得的气压值转换为电信号输入计算机，对基本供油量进行修正	① 发动机怠速不稳 ② 发动机工作不良
节气门位置传感器	将节气门的开度转为电信号输入计算机，判断发动机负荷的大小	① 发动机起动困难 ② 怠速不稳易熄火 ③ 发动机工作不良，加速性差 ④ 发动机动力性下降
怠速位置传感器	检测怠速时节气门的位置	① 发动机起动困难 ② 怠速不稳、无怠速、易熄火
怠速电机	ECU 根据发动机各传感器的信号，指示怠速电机动作，决定怠速空气量	① 怠速不稳，易熄火 ② 起动困难 ③ 开空调易熄火 ④ 怠速过高 ⑤ 发动机易失速
冷却液温度传感器	利用热敏电阻将冷却液传感器温度转变成对应电压信号输入计算机，以调整点火与喷油正时，修正喷油量	① 发动机起动困难，特别是冷起动 ② 怠速不稳易熄火 ③ 发动机动力性差
进气温度传感器	检测进气温度并转换为电信号输入 ECU 修正点火及喷油	① 发动机起动困难 ② 怠速不稳易熄火 ③ 发动机工作不良
氧传感器	用来监测排气歧管中的氧含量，供计算机修正和调整空燃比	① 怠速不稳 ② 油耗量大 ③ 排放高
爆燃传感器	爆燃传感器将探测到的爆燃信号送入计算机，以修正点火正时	① 发动机易爆燃，特别是加速时爆燃明显 ② 点火正时不准
曲轴位置传感器和凸轮轴位置传感器	将曲轴上止点信号输入计算机，作为点火正时与喷油正时的判断信号	① 发动机无法起动或起动困难 ② 怠速不稳，间歇性熄火
曲轴箱通风阀	曲轴箱通风阀开启时，将曲轴箱内的燃油、机油蒸气和漏入曲轴箱的废气引入进气管	① 发动机不易起动 ② 无怠速或怠速不稳 ③ 加速无力、油耗增加
废气再循环阀	控制废气引入燃烧室的量，从而降低发动机的温度，减少 NO_X 排放量	① 发动机温度过高 ② 发动机不易起动 ③ 发动机无力、油耗量大 ④ 易爆燃 ⑤ 加速不良，高、减速时熄火

续表

元件名称	功能	故障现象
活性炭罐电磁阀	发动机起动后，计算机指示炭罐电磁阀动作，使炭罐内的燃油蒸气经由电磁阀进入燃烧室	① 发动机性能不佳 ② 怠速不良 ③ 空燃比不正确
电动燃油泵	提供油压	① 发动机起动困难或无法起动 ② 发动机工作不良，运转不稳 ③ 发动机运转无力 ④ 发动机动力不足
喷油器	根据 ECU 指令，喷油	① 发动机怠速不稳 ② 起动困难 ③ 加速不良，动力性差
燃油压力调节器	调整燃油管路压力	① 发动机起动困难或无法起动 ② 发动机加速无力，高速性能差

1. 发动机无法起动

接通起动开关时，起动机能带动发动机正常转动，但不能起动，且无着车迹象（无初始燃烧迹象）或者有着车迹象（有初始燃烧迹象），但不能起动。

可能是点火系统、燃油喷射系统及发动机机械部分有故障，先检查并排除点火系统和燃油喷射系统的故障，再进一步的检查发动机机械故障。

（1）发动机不能起动，且无着车迹象的故障诊断。

① 故障现象。接通起动开关时，起动机能带动发动机正常转动，但发动机不能工作，且无着车迹象。

② 故障原因。油箱中无油或电动汽油泵不工作；起动时节气门全开；电动汽油泵或油压调节器工作不良、汽油滤清器堵塞，导致燃油压力太低；喷油器不工作；点火系统故障导致的无高压火、高压火花太弱、点火提前角不正确等；正时带跳齿、断裂或正时机构装配不正确；发动机气缸压缩压力过低；排气管堵塞；电控单元或发动机搭铁不良。

③ 故障诊断与排除。电子控制燃油喷射式发动机在设计上具有很好的起动性能，如果出现不能起动且无着车迹象的故障，其原因一般发生在发动机点火系统、燃油系统或电控系统之中。因此，不能起动的故障诊断和排除应重点集中在上述 3 个系统中。

a. 对于不能起动的故障，一般应先检查油箱存油情况。打开点火开关，若燃油表指针不动或油量报警灯亮，则说明油箱内无油，应加油后再起动。

b. 检查点火系统。导致发动机不能起动的最常见原因是点火系统故障。在作进一步的检查之前，应先排除点火系统的故障（在检查电控燃油喷射发动机的点火系统有无高压火花时应采用正确的方法，不可沿用检查传统触点式点火系统高压火花的做法，以防损坏点火系统中的电

子元件）。

如果没有高压火花或火花很弱，说明点火系统有故障。在查找故障部位之前，可先进行发动机故障自诊断，检查有无故障码。电控燃油喷射发动机的故障自诊断系统通常能检测出点火系统中的曲轴位置传感器（点火信号发生器）及点火器的故障。如有故障码，则可按相应的故障码查找故障部位，如无故障码，则应分别检查点火系统中的高压线、分电器盖、点火线圈、点火器、分电器。点火系统最容易损坏的零件是点火器，应重点检查。

c. 检查电动燃油泵是否工作正常。电动燃油泵不工作是造成发动机不能起动的常见故障。打开点火开关，从油箱口处应能听到燃油泵运转的声音；也可用手捏住进油管应能感觉到进油管的油压脉动；或拆下油压调节器上的回油管，应有汽油流出。

如果电动燃油泵不工作，应检查熔断器、继电器及电动燃油泵控制电路等。如果电路正常，则说明电动燃油泵有故障，应更换。

如果在检查电动燃油泵是否工作，可试一下在这种状态下发动机能否起动。若可以起动，说明是电动燃油泵控制电路有故障，使燃油泵在发动机起动时不工作。对此，应检查电动燃油泵控制电路。

d. 检查喷油器是否喷油。如果点火系统和电动燃油泵工作都正常，则应进一步检查喷油控制系统。在起动发动机时，检查各喷油器有无工作的声音。如果喷油器不工作，可引一个大阻抗的试灯接在喷油器的线束插头上。如果在起动发动机时试灯闪亮，说明喷油控制系统工作正常，喷油器有故障，应更换；如果试灯不闪亮，则说明喷油控制系统或控制线路有故障。对此，应检查喷油器电源熔断器是否烧断，喷油器降压电阻是否烧断，喷油器与电源之间的接线是否良好，计算机的电源继电器与计算机之间的接线是否良好。如果外部电路均正常，则可能是 ECU 内部有故障，可通过测量计算机各接脚电压是否正常来判断计算机有无故障，或用一个好的 ECU 替换看能否起动。如能起动，可确定为计算机故障。

e. 检查燃油系统压力。燃油系统油压过低会造成喷油量过少，导致不能起动。在电动燃油泵运转时检查燃油系统油压。在发动机未运转的状态下正常燃油压力应达 300kPa 左右。如果燃油压力过低，可阻断回油通路，若燃油压力迅速上升，说明是油压调节器故障造成油压过低，应更换油压调节器；若燃油压力上升缓慢或不上升，则说明油路堵塞或电动燃油泵有故障。应先拆检燃油滤清器。如有堵塞，应更换燃油滤清器，良好则应更换电动燃油泵。

f. 检查气缸压缩压力。若上述检查均正常，则应进一步检查发动机气缸压力。若气缸压缩压力低于标准值，则说明故障是气缸密封性不好，按气缸压力不足查找故障。

（2）有着车迹象，但发动机不能起动。

① 故障现象。起动发动机时，起动机能带动发动机正常转动，有轻微着车迹象，但不能起动。

② 故障原因。进气管漏气；点火正时不正确；高压火花过弱；冷起动喷油器不工作；燃油压力过低；冷却液温度传感器有故障；空气滤清器堵塞；空气流量计有故障；喷油器漏油；喷油控制系统有故障；气缸压力过低。

③ 故障诊断与排除。有着车迹象但不能起动，说明点火系统、燃油喷射系统和控制系统虽有故

障，但没有完全丧失功能。不能起动的原因可能是高压火花过弱或点火正时不正确、混合气过稀、混合气过浓、气缸压力过低等。一般先检查点火系统，再检查进气系统、燃油系统、电控系统，最后检查发动机气缸压力。诊断步骤如下。

a. 检查有无故障码。如有故障码，则可按显示的故障码查找相应的故障原因。要注意所显示出的故障码不一定都与发动机不能起动有关系，间歇性故障一般不会影响发动机的起动性能。影响起动性能的部件主要有曲轴位置传感器、冷却液温度传感器、空气流量计等。

b. 检查高压火花。除了检查分电器高压总线上的高压火花是否正常外，还要进一步检查各缸高压分线上的高压火花是否正常。若总线火花太弱，应更换高压线圈；若总线火花正常而分线火花较弱或断火，说明分电器盖或分火头漏电，应更换。

c. 检查空气滤清器。如果滤芯过脏堵塞，可拆掉滤芯后再起动发动机。如能正常起动，则应更换滤芯。

d. 检查进气系统是否漏气。在空气流量计之后的进气管道有漏气就会影响进气量测量的准确性，使混合气变稀。严重的漏气会导致发动机不能起动。检查中应仔细查看空气流量计之后的进气软管有无破裂，各处接头卡箍有无松脱，谐振腔有无破裂，曲轴箱通风软管是否接好。燃油蒸发回收系统和废气再循环系统在起动及怠速运转中是不工作的。如果在起动时，这些系统工作，就会影响起动性能。将燃油蒸发回收软管或废气再循环管道堵住，再起动发动机能正常起动，说明该系统有故障，应认真检查。

e. 检查火花塞。火花塞间隙过大、过小、有裂纹或积炭严重也会影响起动性能。火花塞正常间隙一般为 1.1mm，如火花塞间隙过大、过小，应按车型维修手册所示标准值进行调整，注意检查火花塞有无积炭、裂纹等。

f. 若火花塞表面只有少量潮湿的汽油，说明喷油器喷油量过少。先检查起动时电动燃油泵是否工作。若在起动时电动燃油泵不工作，应检查控制电路。如果电动燃油泵工作而不能起动，应进一步检查燃油压力，如果燃油压力过低，应检查燃油滤清器、油压调节器及燃油泵有无故障。

g. 若火花塞表面有大量潮湿汽油，说明气缸中出现“呛油”现象，可拆下所有火花塞，将其烤干，再让气缸中的汽油挥发干净，装上火花塞重新起动。如果仍出现“呛油”现象，应拆卸下喷油器，检查喷油器有无漏油。

h. 空气流量计或冷却液温度传感器故障也会引起喷油量过大或过小。如果出现这种情况，应对照车型维修手册中的有关数据测量这两个传感器。

i. 检查点火正时。如果点火提前角不准，校准点火正时后再起动发动机检查故障是否排除。

j. 检查冷起动喷油器是否工作。拔下冷起动喷油器线束插头，用试灯或电压表测量。在起动时，线束插头内应有电压。若无电压，应检查冷起动喷油器控制电路。

k. 检查气缸压缩压力是否符合标准。

故障诊断框图如图 2-27 所示。

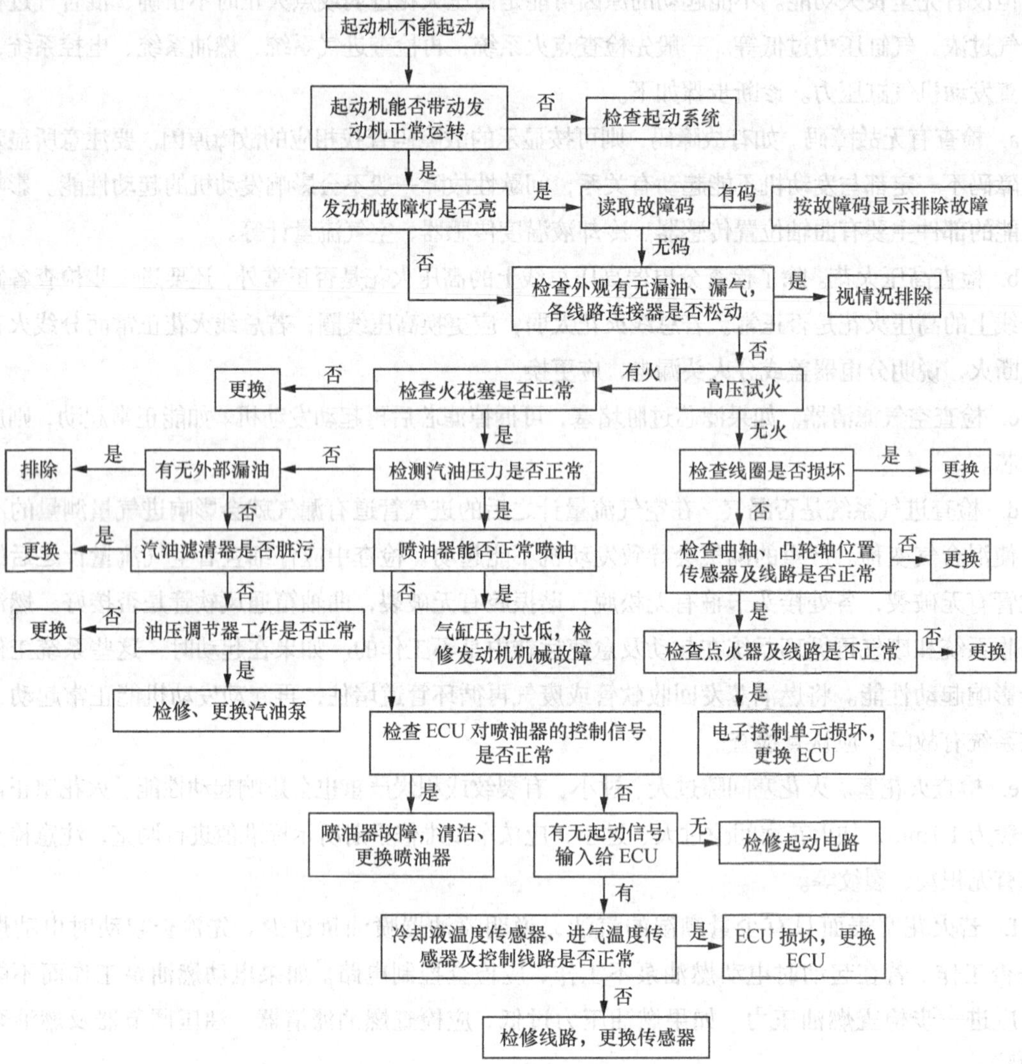

起动机不能起动
起动机能否带动发动机正常运转
否
检查起动系统
是
发动机故障灯是否亮
是
读取故障码
有码
按故障码显示排除故障
无码
否
检查外观有无漏油、漏气，各线路连接器是否松动
是
视情况排除
否
高压试火
有火
检查火花塞是否正常
否
更换
是
检测汽油压力是否正常
否
有无外部漏油
是
排除
否
汽油滤清器是否脏污
是
更换
否
油压调节器工作是否正常
否
更换
是
检修、更换汽油泵
是
喷油器能否正常喷油
是
气缸压力过低，检修发动机机械故障
否
检查ECU对喷油器的控制信号是否正常
是
喷油器故障，清洁、更换喷油器
否
有无起动信号输入给ECU
无
检修起动电路
有
冷却液温度传感器、进气温度传感器及控制线路是否正常
是
ECU损坏，更换ECU
否
检修线路，更换传感器
无火
检查线圈是否损坏
是
更换
否
检查曲轴、凸轮轴位置传感器及线路是否正常
否
更换
是
检查点火器及线路是否正常
否
更换
是
电子控制单元损坏，更换ECU

图2-27　发动机起动困难

2. 发动机起动困难

发动机起动困难是指起动机能带动发动机按正常速度转动，有明显着车迹象，但不能起动，或需要连续多次起动或长时间转动起动机才能起动。对于起动困难的故障，要分清是在冷车时出现，还是热车时出现，或冷车、热车均出现。发动机起动困难的原因多在喷油系统。

（1）发动机冷起动困难。

① 故障现象。在冷却液温度达到正常工作温度时发动机能够正常起动，但在低于正常工作温度时需要经过多次、长时间运转起动机，发动机才能起动。

② 故障原因。造成冷起动困难的主要原因是混合气过稀、火花塞火弱、气缸压力偏低等。

a. 火花塞积炭、潮湿，间隙不当，电极破损或漏电。

b. 高压线、点火线圈、控制模块等性能下降导致点火能量降低。

c. 冷却液温度、进气温度传感器故障。

d. 冷起动喷油器不喷油、喷油器雾化不良。

e. 进气系统严重漏气。

③ 故障诊断与排除。

a. 进行故障自诊断。若有故障码，则按故障码查找相应的故障原因。

b. 检查怠速时进气管的真空度。若真空度小于 66.7kPa，说明进气系统中有空气泄漏，应检查进气管各个管接头、衬垫、真空软管等处，以及废气再循环系统、燃油蒸气回收系统、曲轴箱通风系统。

c. 检查空气滤清器。如果滤芯堵塞，应清洗或更换。

d. 如果节气门在 1/4 左右开度时发动机能正常起动，而节气门全关时起动困难，应检查怠速控制阀及附加空气阀是否工作正常。在冷车怠速运转中，拔下怠速控制阀线束插头，或者在冷车怠速运转时将附加空气阀进气软管用钳子夹住。如果发动机转速没有下降，说明怠速控制阀工作不正常，应检查怠速控制阀及其控制电路。

e. 检查燃油压力。用一根导线将电动燃油泵的两个检测插孔短接，然后打开点火开关，让电动燃油泵运转。在这种状态下，燃油压力应达 300 kPa 左右。如果压力太低，应检查油压调节器、喷油器有无漏油，燃油滤清器有无堵塞，燃油泵最大油压是否正常。

f. 检查温度传感器和空气流量计。拔下温度传感器和空气流量计线束插头，用万用表欧姆挡测量温度传感器和空气流量计各接线端子之间的电阻。如果阻值不符合标准，应更换。

g. 检查冷起动喷油器工作是否正常。先检查在起动时冷起动喷油器线束插头处有无 12V 左右的电压。如果没有电压，则说明控单元气制电路有故障，应检查冷起动温度时间开关及其控制电路。如果起动时线束插头处有电压，应检查冷起动喷油器电磁线圈电阻是否正常，喷孔是否堵塞等。

h. 检查点火正时，不符合标准，应予以调整。

i. 检查起动开关至计算机的起动信号是否正常。如果计算机接收不到起动开关的起动信号，就不能进行起动加浓控制，也会导致起动困难。对此，应从计算机线束插头处检查起动时有无起动开关的信号传至计算机。如无信号，应检查起动开关和线路。

j. 检查气缸压缩压力。如压力过低，应拆检发动机。

k. 如果上述检查均正常，可换一个新的 ECU。如有好转，则说明计算机有故障，应更换计算机。

发动机冷起动困难的故障诊断流程如图 2-28 所示。

（2）发动机热车起动困难。

① 故障现象。发动机冷车起动正常，但当运转到正常工作温度的发动机熄火后，再次起动困难，甚至不能起动。

② 故障原因。造成发动机热车起动困难的主要原因是混合气过浓。如冷却液温度传感器、进气温度传感器及其线路故障；空气滤清器脏堵；喷油器漏油或雾化不良；冷起动喷油器一直喷油；燃油压力过高，回油管堵塞或油压调节器故障。

③ 故障诊断与排除。

a. 进行故障自诊断。如有故障码，则按故障码查找相应的故障原因。

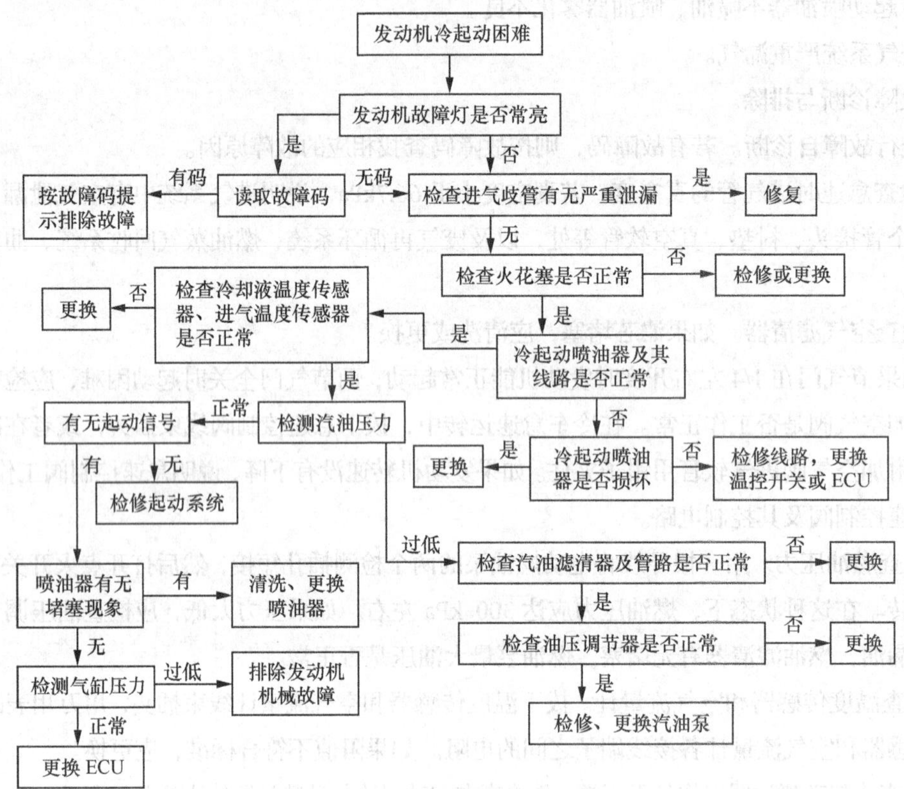

图2-28 发动机冷起动困难的故障诊断流程图

b. 检查怠速时进气管的真空度。若真空度小于66.7kPa，说明进气系统中有空气泄漏，应检查进气管各个管接头、衬垫、真空软管等处，以及废气再循环系统、燃油蒸气回收系统、曲轴箱通风系统。

c. 检查空气滤清器。如果滤芯堵塞，应清洗或更换。

d. 检查燃油压力。用一根导线将电动燃油泵的两个检测插孔短接，然后打开点火开关，让电动燃油泵运转。在这种状态下，燃油压力应达300kPa左右。如果压力太低，应检查油压调节器、喷油器有无漏油，燃油滤清器有无堵塞，燃油泵最大油压是否正常。

e. 应检查在点火开关关闭后，燃油系统的保持压力是否正常。接上油压表，在关闭点火开关（发动机熄火）后，5min内燃油压力应保持不低于150kPa左右。如果保持压力过低，应检查油压调节器、电动燃油泵、喷油器等处是否漏油。

f. 检查温度传感器和空气流量计。拔下温度传感器和空气流量计线束插头，用万用表欧姆挡测量温度传感器和空气流量计各接线端子之间的电阻。如果阻值不符合标准，应更换。

g. 检查冷起动喷油器工作是否正常。先检查在起动时冷起动喷油器线束插头处有无12V左右的电压。如果没有电压，则说明控单元气制电路有故障，应检查冷起动温度时间开关及其控制电路。如果起动时线束插头处有电压，应检查冷起动喷油器电磁线圈电阻是否正常，喷孔有无堵塞等。

h. 检查点火正时，不符合标准，应予以调整。

i. 检查起动开关至计算机的起动信号是否正常。如果计算机接收不到起动开关的起动信号，就不能进行起动加浓控制，也会导致起动困难。对此，应从计算机线束插头处检查起动时有无起动开关的信号传至计算机。如无信号，应检查起动开关和线路。

j. 检查气缸压缩压力。如压力过低，应拆检发动机。

k. 如果上述检查均正常，可换一个新的 ECU。若有好转，则说明计算机有故障，应更换计算机。

发动机热车起动困难的故障诊断流程如图 2-29 所示。

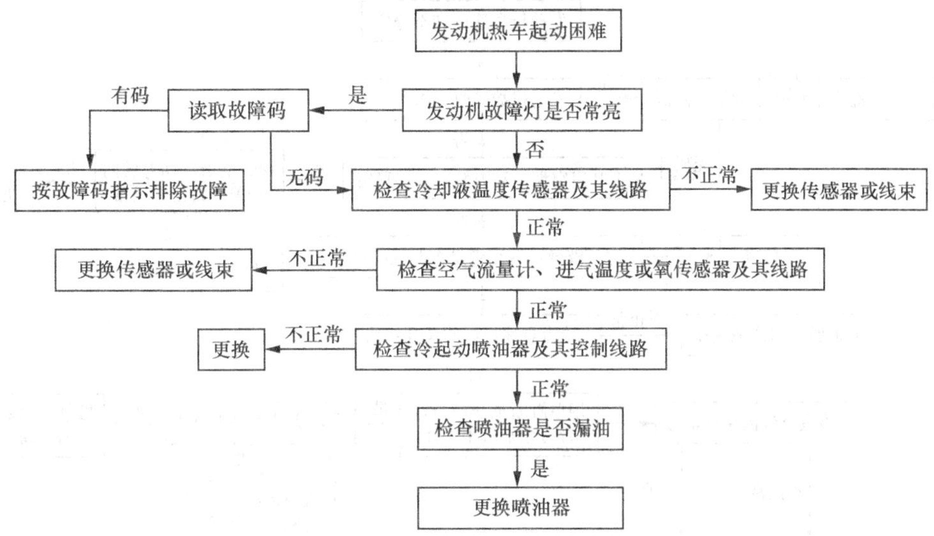

图2-29　发动机热车起动困难的故障诊断流程图

3. 发动机怠速不良故障诊断

怠速不良是电控发动机最常见的故障之一。它有多种表现形式，包括怠速不稳、怠速熄火、冷车怠速不良、热车怠速不良等。造成怠速不良的原因很多，常常是几种原因综合引起的。在故障诊断与排除过程中，要根据故障的具体表现来分析故障原因。

（1）发动机怠速不稳，易熄火故障诊断。

① 故障现象。发动机起动正常，但不论冷车或热车，怠速均不稳定，怠速转速过低，易熄火。

② 故障原因。拔下冷却液温度传感器线束插头，用一个 4～8kΩ 的电阻代替冷却液温度传感器。如果发动机怠速恢复正常，说明冷却液温度传感器已损坏，应更换。

（2）热车怠速不稳或熄火故障诊断。

① 故障现象。发动机冷车运转时怠速正常，热车后怠速不稳，怠速转速过低或熄火。

② 故障原因。怠速调整过低；冷却液温度传感器有故障；怠速控制阀有故障；火花塞工作不良；喷油器工作不良。

③ 故障诊断与排除。

a. 进行故障自诊断，如有故障码，可按故障码提示查找故障原因。

b. 检查冷却液温度传感器。如果拔下冷却液温度传感器线束插头后，怠速不稳现象消除，则说明冷却液温度传感器有故障，应予以更换。或者测量冷却液温度传感器的电阻，如不符合标准值，应更换冷却液温度传感器。

c. 检查怠速控制阀是否工作正常。拔下怠速控制阀线束插头，若发动机转速无变化，则说明怠速控制阀工作不良，应检查控制电路或更换怠速控制阀。

d. 拆下各缸喷油器，在试验台上检查。若各缸喷油器雾化不良或喷油量不均，特别是怠速工况喷油量不均，应清洗或更换喷油器。

怠速不稳诊断框图如图 2-30 所示。

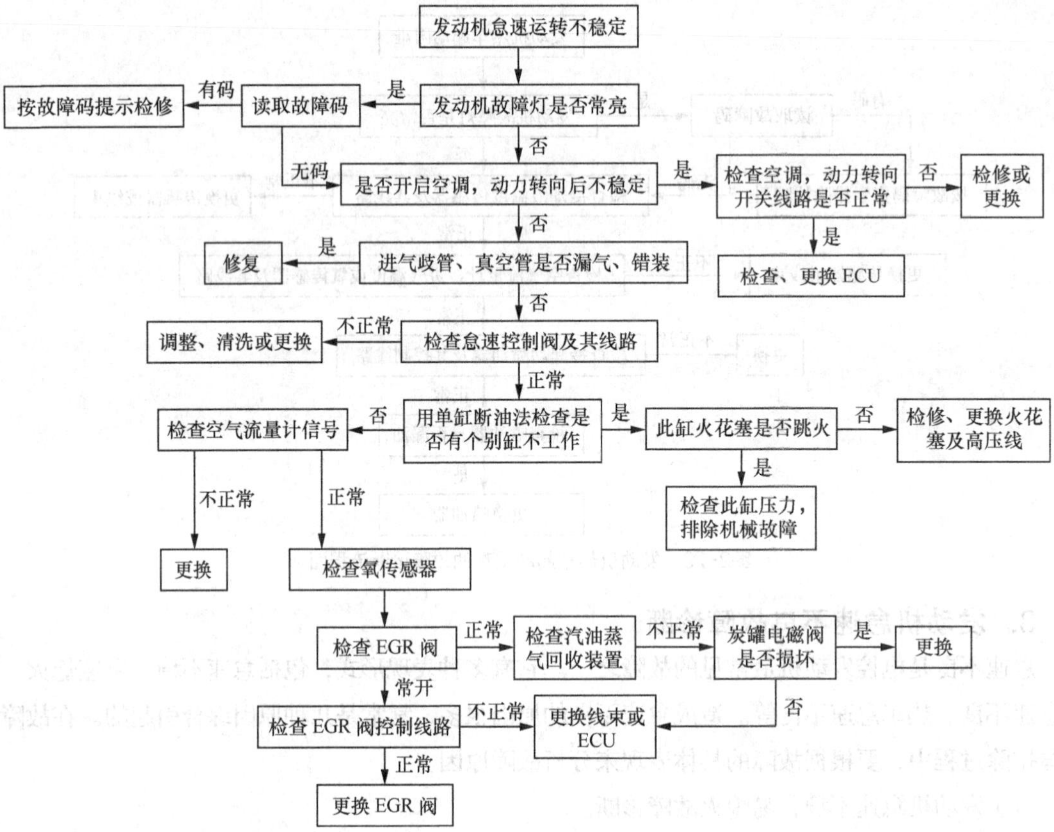

图2-30 怠速不稳诊断框图

（3）热车怠速过高故障诊断。

① 故障现象。发动机冷车时能以正常快怠速运转，但热车后仍保持快怠速，导致怠速转速过高。

② 故障原因。节气门卡滞、关闭不严；怠速调整不当；附加空气阀故障；怠速控制阀故障；冷却液温度传感器故障；空调开关、动力转向器压力开关有故障；曲轴箱强制通风阀故障。

③ 故障诊断与排除。

a. 检查怠速时节气门是否全闭，节气门拉索有无卡滞。用手将节气门摇臂朝关闭的方向扳动。如果发动机怠速能下降至正常转速，说明节气门卡滞，关闭不严。若是节气门拉索卡滞，应更换新拉索；若为节气门轴卡滞，应拆卸、清洗节气门体。

b. 按规定程序重新调整怠速。如调整无效，则应作进一步的检查。

c. 进行故障自诊断。如有故障码，则按所显示的故障码找故障原因。

d. 检查附加空气阀。用钳子包上软布，将附加空气阀进气软管夹紧。如果发动机怠速能随之下降至正常转速，则说明附加空气阀在热车后不能关闭。对此，应检查附加空气阀电源线路是否正常。如正常，则应更换附加空气阀。

e. 检查冷却液温度传感器。若拔掉冷却液温度传感器线束插头后，发动机怠速转速恢复正常，说明冷却液温度传感器有故障，向计算机送过低的冷却液温度信号（注意:在拔掉冷却液温度传感器插头后，发动机故障报警灯会亮起，此时计算机的失效保护功能起作用，自动将冷却液温度设定为80℃，在重新插上冷却液温度传感器线束插头后，计算机内仍会留下表示冷却液温度传感器故障的代码，需消除计算机中的故障码）。

f. 检查怠速控制阀。发动机熄火后拔下怠速控制阀线束插头，待起动后再插上。如果发动机转速随之变化，说明怠速控制阀工作正常；否则，应检查控制线路或更换怠速控制阀。

g. 在打开空调开关后或转动转向盘时，如果发动机转速没有变化，说明怠速自动控制系统有故障，应检查空调开关、动力转向器压力开关及怠速自动控制线路。

h. 用钳子包上软布将曲轴箱强制通风阀软管夹紧。如果发动机转速随之下降，则说明曲轴箱强制通风阀在怠速时漏气，使发动机进气量过大，影响怠速。对此，应更换曲轴箱强制通风阀。

热车怠速过高诊断框图如图 2-31 所示。

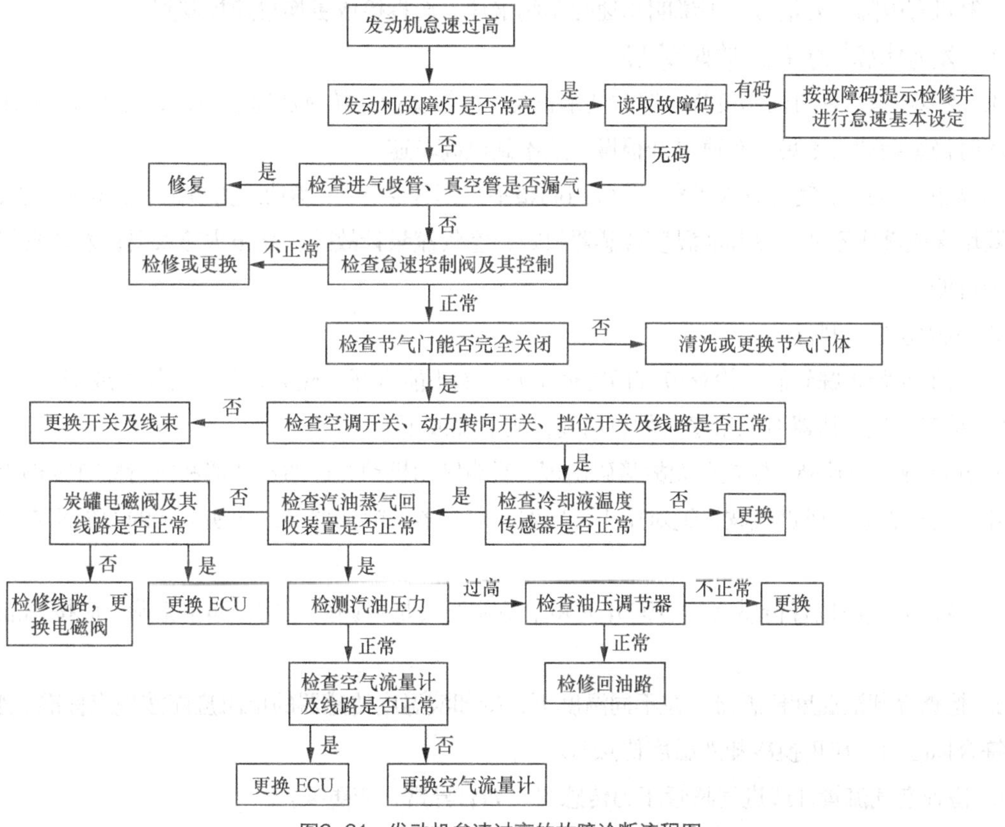

图2-31　发动机怠速过高的故障诊断流程图

（4）怠速上下波动故障诊断。

① 故障现象。发动机怠速运转时转速不断地上下波动。

② 故障原因。怠速开关（节气门位置传感器）调整不当，在怠速时怠速开关触点不闭合；喷油器雾化不良或堵塞；空气流量计有故障；怠速控制阀或怠速自动控制电路有故障；冷却液温度传感器信号不正确；氧传感器失效或反馈控制电路有故障。

③ 故障诊断与排除。

a. 进行故障自诊断。要特别注意有无节气门位置传感器、冷却液温度传感器、空气流量计、氧传感器、怠速控制阀的故障码。如有故障码，应检查相应的传感器及其电路。怠速时逐个拔下各缸高压线或喷油器线束插头，检查发动机各缸工作是否均匀。如果拔下某缸高压线或喷油器线束插头，发动机转速下降不明显，说明该缸工作不良，应拆检该缸火花塞或喷油器。

b. 检查冷却液温度传感器在不同温度下的电阻是否符合标准值。若不符合标准信，应更换冷却液温度传感器。

c. 检查空气流量计，如有异常，应更换。

d. 在怠速运转中拔下怠速控制阀线束插头。如果怠速上下波动的现象消失，但随之怠速不稳现象加剧，说明怠速控制阀工作正常，喷油系统有故障；如果怠速波动现象不变，则说明怠速控制阀工作不良或不工作。对此，应检查怠速控制阀线束插头处有无脉冲电信号。无信号，则说明控制线路或计算机有故障；有信号，则说明怠速控制阀卡住，应拆检或更换怠速控制阀。

4. 发动机动力不足故障诊断

① 故障现象。发动机无负荷运转时基本正常，但带负荷运转时加速缓慢，上坡无力，加速踏板踩到底时仍感到动力不足，车速提升很慢，达不到最高车速。

② 故障原因。空气滤清器堵塞；节气门调整不当，不能全开；燃油压力过低；蓄电池电压过低；喷油器堵塞或雾化不良；冷却液温度传感器故障；空气流量计故障；高压火花太弱；发动机气缸压缩压力过低。

③ 故障诊断与排除。

a. 将加速踏板踩到底，检查节气门能否全开。如不能全开，应调整节气门拉索或踏板。

b. 检查空气滤清器有无堵塞，如有堵塞，应清洗或更换。

c. 进行故障自诊断，检查有无故障码出现。影响发动机动力性的传感器和执行器有冷却液温度传感器、空气流量计或进气歧管绝对压力传感器、点火器、喷油器等。按所显示的故障码查找故障原因。

d. 检查节气门位置传感器的怠速开关和全负荷开关是否调整正确，如不正确，应按标准重新调整。

e. 检查冷却液温度传感器。在不同温度下，冷却液温度传感器的电阻应能按规定标准值变化。如不符合标准值，应更换冷却液温度传感器。

f. 检查空气流量计或进气歧管压力传感器。如有异常，应更换。

g. 检查各缸火花塞、高压线、点火线圈、点火器等，如有异常，应更换。

h. 检查燃油压力。如压力过低，应进一步检查电动燃油泵、油压调节器、燃油滤清器等。

i. 拆卸喷油器，检查喷油量是否正常。如喷油量不正常或喷油雾化不良，应清洗或更换喷油器。

j. 检查蓄电池电压。蓄电池电压过低，会引起喷油器喷油量减少，造成发动机动力不足，加速迟缓。若蓄电池电压过低，应检查充电系统或更换蓄电池。

k. 测量气缸压缩压力。如压力过低，应拆检发动机。

5. 减速不良故障诊断

① 故障现象。发动机怠速运转正常，但在行驶中突然松开加速踏板进行减速时，发动机经常发生熄火故障。

② 故障原因。怠速调整过低；怠速自动控制失常；断油控制失常；控制系统或点火系统线路接触不良。

③ 故障诊断与排除。

a. 如有怠速不稳现象，应先按“怠速不稳”故障的检查方法进行检查。

b. 检查发动机初始怠速。如果初始怠速过低，应按规定程序和标准进行调整。

c. 检查节气门位置传感器。在节气门全闭时，节气门位置传感器内的怠速开关触点应闭合。如不能闭合，应按标准进行调整。如果调整无效，应更换节气门位置传感器。

d. 检查怠速控制阀。发动机熄火后拔下怠速控制阀线束

6. 排烟异常故障

汽车正常工作时，排气管排出的废气是无色透明的气体，只有在短时间内接近全负荷运转或起动时，废气才呈现灰色或深灰色。所谓汽车异常排烟指的是排气的烟色为黑色、蓝色或白色。

（1）汽油车排黑烟。

① 故障现象。发动机动力不足，混合气燃烧不完全，排气管排黑烟、放炮，油耗增加，气缸内大量积炭。

② 故障原因。混合气过浓、燃油压力过高；点火系统高压火花过弱；点火时刻过迟；气门间隙调整不当；个别气缸工作不良；空气过滤器堵塞，造成进气量不足；冷起动喷油器一直工作、喷油器漏油；冷却液温度传感器、氧传感器、空气流量计、进气压力传感器信号不良；电子控制单元故障。

③ 故障诊断。

a. 查询故障码

b. 拆下空气滤清器，观察排气颜色。若排黑烟情况好转，则故障是空气滤清器脏污或堵塞造成的，应清洗或更换空气滤清器滤芯。

c. 拔出中央高压线试火，若火花弱，则是点火能量不足导致混合气不能完全燃烧而排黑烟，故障在点火系统的低压电路。

d. 在发动机运转时，做各缸断火试验。若拔出某缸高压分线后，发动机工作无明显变化，则表明该缸不工作或工作不良。进一步检查高压分线的火花是否太弱，若火花弱，应检查分电器盖、分

火头是否击穿漏电，高压分线、火花塞是否有故障。如果火花正常，则应检查气缸压力是否过低。导致气缸压力过低的因素有活塞环卡滞或磨损、气缸磨损、气门磨损、积炭导致关闭不严等，应视情况进行修理排除。

e. 检查点火正时，若过迟应进行调整。

f. 若汽车在行驶时，随着车速的提高，油门开度的加大，排气冒黑烟、放炮现象越来越严重，拆下火花塞检查，火花塞湿润，故障为混合气过浓。

（2）汽油车排白烟。

① 故障现象。发动机运转不均匀，排气管冒白烟。

② 故障原因。汽油或机油中含有水；发动机气缸体或气缸盖有裂纹；气缸盖螺栓拧紧力矩不足或扭力不均，气缸垫损坏使冷却液进入燃烧室；天气温度低，燃烧水蒸气遇冷变白烟。

③ 故障诊断。

a. 检查汽油和机油是否掺杂有水。

b. 冷车时取下水箱盖，起动发动机，若水箱口的冷却水呈沸腾状态并排出大量气泡，故障为气缸垫损坏，致使水道与气缸相通，应更换气缸垫。

c. 若油底壳油平面上升且机油呈乳状，说明气缸盖或气缸体有裂纹，拆下气缸盖，对气缸盖与气缸体进行检修。

（3）汽油车排蓝烟

汽车排蓝烟是机油窜入气缸燃烧随废气排出。

① 故障现象 。汽车在运行过程中排气冒蓝烟，机油量消耗过大。

② 故障原因。油底壳油面过高或机油压力过高；活塞环装错或磨损、损坏；气缸与活塞之间配合间隙过大；曲轴箱通风装置进风过多；气门杆与气门导管的配合间隙过大；气门油封损坏。

③ 故障诊断与排除方法。

a. 检查发动机机油量及机油压力。若油面过高应放掉部分机油。机油压力过高，则应检查油路是否堵塞、机油泵限压阀是否损坏。

b. 当踩下加速踏板发动机高速运转时，排气管大量排出浓厚蓝烟，机油加注口也大量冒蓝烟或脉动冒烟，说明气缸与活塞、活塞环磨损过大，或活塞环装反或对口，应拆下活塞连杆组进行检查分析，对症检修。

c. 若发动机大负荷运转时，排气管冒蓝色浓烟，但加机油口并不冒烟，则故障为气门杆与气门导管的配合间隙过大或气门油封损坏，使机油窜入燃烧室燃烧，应更换气门油封、气门或气门导管。

d. 检查曲轴箱通风情况，曲轴箱强制通风系统阻塞、通风流量控制阀装反、失效或丢失，也可能导致发动机排蓝烟，应及时检修。

发动机排烟异常的诊断框图如图 2-32 所示

7. 发动机进气管回火

进气管回火是发动机一种常见的故障现象，它是指混合气在进气歧管内燃烧，燃气从进气管中喷出的故障现象。造成化油器、进气管回火的故障原因很多，涉及供给系统、点火系统和机械故障等各个方面。

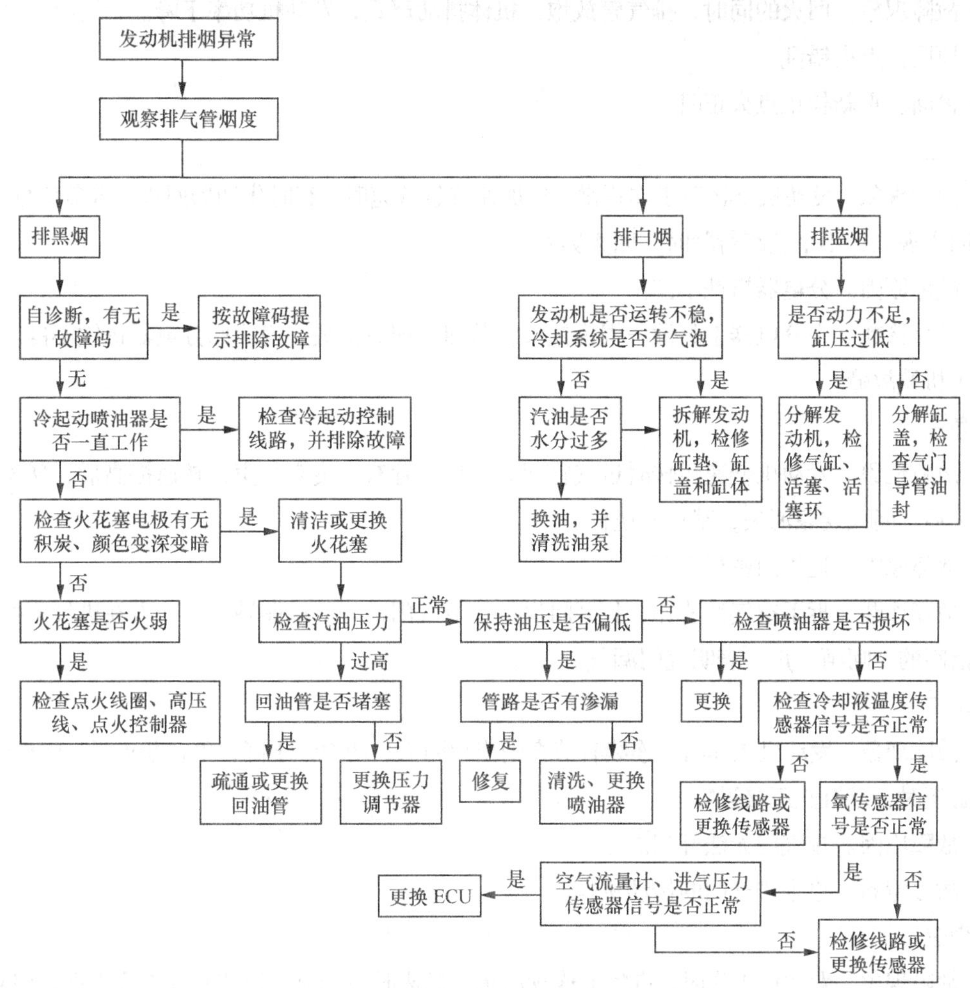

图2-32 发动机排烟异常的故障诊断流程图

（1）供给系统。

① 故障现象。发动机不易起动，怠速不稳，易熄火；加速时，进气管回火，随着节气门的开大，动力逐渐下降。

② 故障原因。混合气过稀。

③ 故障诊断。检测供给系统油压。

（2）点火系统。

现象一

① 故障现象。发动机急加速时转速提高缓慢，急加速时回火现象明显；有时缓加速也有回火现象，同时，排气管排气声发闷，发动机温度易升高。

② 故障原因。点火过迟。

③ 故障诊断。将点火提前角加大，现象消失。

现象二

① 故障现象。回火的同时，排气管放炮，机体抖动严重，发动机功率下降。

② 原因。点火错乱

③ 诊断。重新校正点火正时。

现象三

① 故障现象。发动机空转时工作正常，急加速或急减速时，有时化油器回火，带负荷行驶有不规则的回火现象；不平道路行驶时，回火频繁。

② 故障原因。分电器搭铁不良。

③ 故障诊断。在分电器上另设一根搭铁线，若回火现象消失，说明原分电器搭铁不良。

（3）机械故障。

现象一

① 故障现象。发动机低速运转时进气管回火，排气管有“突突”声，转速提高后，现象减轻，单缸断火后，回火现象消失，某缸缸压低。

② 故障原因。进气门密封不严。

③ 故障诊断。拆下空气滤清器，打开阻风门、节气门，一人摇曲轴，另一人在进气管处细听，若听到清晰的“呵呵”声，表明气门漏气。

现象二

① 故障现象。发动机工作时，连续有节奏的出现回火，动力性下降，单缸断火后，回火现象消失，测缸压时，某缸缸压接近零。

② 故障原因。排气门无法开启。

③ 故诊障断。检查排气门的传动机构。

现象三

① 故障现象。发动机工作时，进气道连续回火，低速时更明显。相邻两缸工作不良，相邻两缸缸压低。两缸中某缸断火，回火现象消失。

② 故障原因。相邻两缸之间的气缸垫烧穿。

③ 故障诊断。找出两故障缸，检查两缸的配气机构，若正常，则为气缸垫烧蚀，更换气缸垫。

进气管回火诊断框图如图 2-33 所示。

（4）排气管放炮。

① 故障现象。发动机排气管放炮时排黑烟且伴有“突、突”的放炮声。

② 故障原因。

a. 供给系统故障。混合气过浓、汽油牌号不符、冷起动喷油器泄漏以及控制压力太高。

b. 点火系统故障。点火顺序错乱、点火正时过晚、分电器触点间隙大、火花塞积炭、过热。

c. 配气机构故障。排气门开启过早、排气门卡滞、关闭不严、排气门间隙过小。

③ 故障诊断。排气管放炮诊断框图如图 2-34 所示。

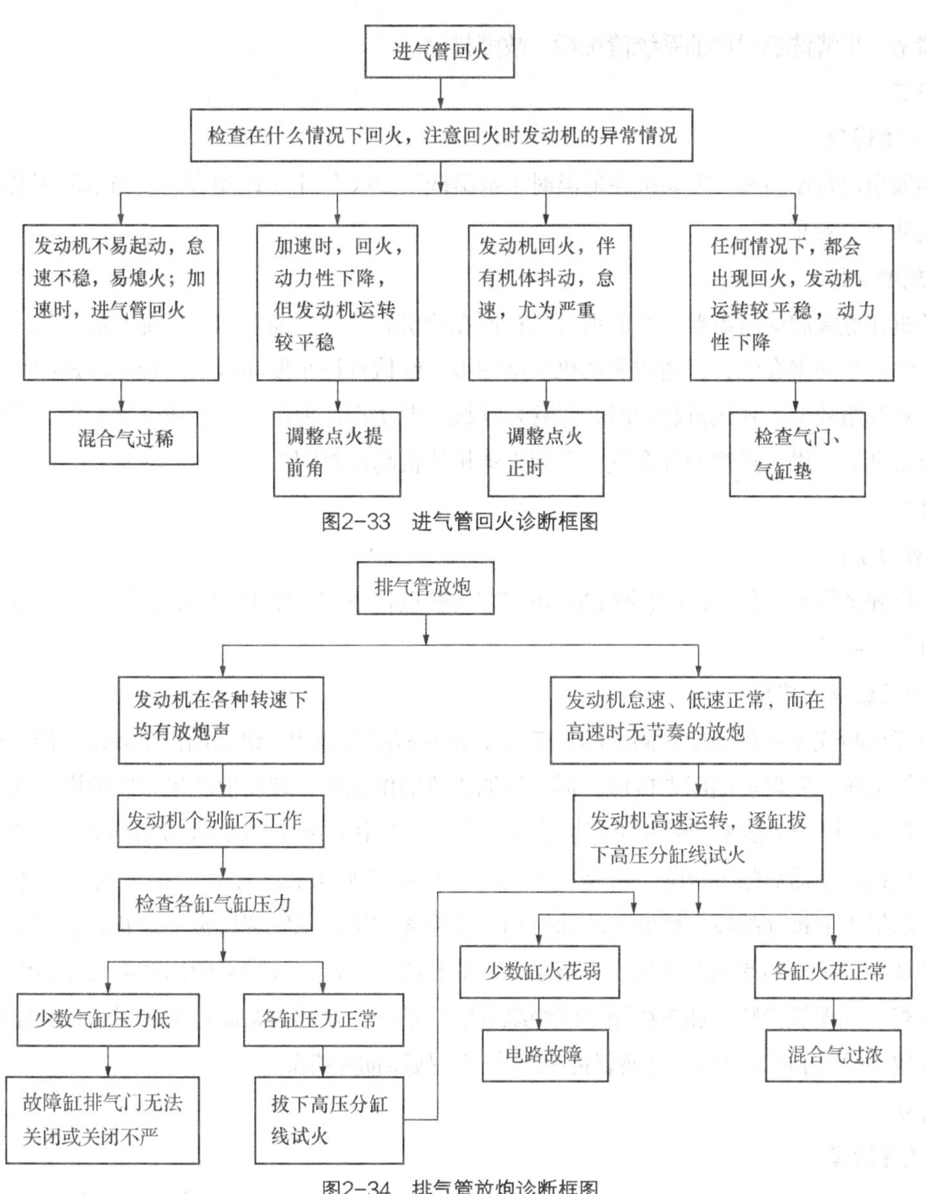

图2-33　进气管回火诊断框图

图2-34　排气管放炮诊断框图

故障实例分析

故障一

1. 故障现象

捷达王轿车怠速不稳。

2. 诊断及排除

用 VAG1551 检测，空气流量计 G70 有一偶发故障，消除后，重新起动发动机。检测时。仍发现 G70 为偶发故障。检查 G70 到发动机控制单元线路正常，测量 G70 数值与新 G70 基本相同。再次用 VAG1551 清除，并进行基本设定，G70 故障被排除，但发动机怠速仍不稳。重新用 VAG1551 检测，在数据块阅读中，发现喷油阀实际喷油时间超出标准范围。检查无漏气处，判断为喷油器可能脏、堵塞。用清洗机对燃油系统清洗后，故障排除。

故障二

1. 故障现象

一辆通用道奇小轿车，发动机在低温时（水温低于20℃以下）起动容易；当水温正常时（高于80℃）起动不易着车。

2. 故障分析

发动机在低温起动时需要较浓的混合气；而在热机起动时，需要相对较稀的混合气。若热机起动时仍供给过浓的混合气，将造成发动机起动困难。经检查该车发动机水温传感器连线脱落，造成水温传感器开路故障。在热机起动时，尽管发动机水温正常，但由于水温传感器开路，微机判断发动机水温特别低，供应过浓的混合气，致使发动机热机起动时困难。

故障三

1. 故障现象

一辆行驶里程5万千米的桑塔纳2000轿车在行驶过程中突然熄火，重新起动时起动机运转正常，但发动机不能起动。

2. 故障诊断与排除

用故障诊断仪V.A.G1552检测发动机ECU，没有故障码输出。给燃油供给系统泄压，接入油压表检测系统油压，发现燃油压力极低。拆下汽油滤清器供油管，起动发动机，发现没有燃油喷出，即油泵不供油。根据燃油系统的线路连接情况，首先检查中央接线盒的18号熔断器，发现其熔丝已经烧断，更换熔断器后故障排除。可是汽车运行后不久熔断器再次烧断，说明线路有问题。必须检查线路，从根本上排除故障。燃油系统的控制线路检查完毕，未发现异常。重新分析该车线路连接情况，发现氧传感器和燃油泵共用1个熔断器。油泵线路正常，故障可能出在氧传感器线路上。经过仔细检查，发现氧传感器加热线圈导线绝缘皮磨破搭铁，这样当路面有颠簸时，该线路就会搭铁短路，导致18号熔断器烧断。更换氧传感器线束，故障彻底排除。

故障四

1. 故障现象

一辆上海桑塔纳2000GSi（时代超人）轿车（装备1.8L AJR电控发动机），故障现象为发动机加速回火，且有放炮现象。

2. 故障诊断与排除

首先进行常规检查没有发现异常之处。用修车王SY-2000发动机故障电脑检测仪读取系统故障码，共有3个故障码：00668——30号端子电压信号太小；01165——节气门控制器基本设定错误错误；00559——混合气调节超过极限。

首先清除故障存储器的故障码，起动发动机运转几分钟后将发动机熄火，再次用修车王SY-2000发动机故障电脑检测仪读取系统故障码，仍然是上述三项故障码，由此可以判定上述故障是当前故障。为此首先对发动机电子控制系统的电源线和搭铁点进行处理，然后将点火开关打开（ON），用修车王SY-2000发动机故障电脑检测仪进入23组功能对节气门控制器J338进行基本设定，此时再次重新读取数据流，在 09 显示组中可以看到氧传感器电压为 0.8 V 没有变化，而怠速氧传感器调节值已经达到−20%，证明混合气确实过浓且已经超过氧传感器调节的能力范围。

按照一般规律，应该是发动机电控单元接收到某一传感器信号而加浓混合气。于是用修车王 SY-2000 发动机故障电脑检测仪再次查看与混合比有关的几个重要传感器，在 03 显示组中可以看到发动机冷却液温度传感器和进气温度传感器的数据值正常，而在 02 显示组中发现进气质量为 6 g/s 以上，证明发动机电控单元接收到超大的进气质量流量信号后，判断为发动机处于大负荷状态而延长燃油喷时间。说明控制质量流量传感器信号不准（测得的空气质量流量信号比正常的进气量大）。

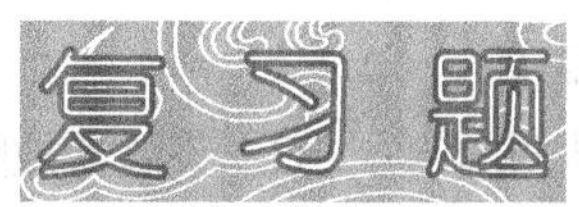

一、填空题

1. 气缸压力主要指________________，测量仪器为________。

2. 燃烧室裂纹的现象是____________。

3. 汽油机排黑烟的原因主要是____________________。排蓝烟的原因是________。排白烟原因是________。

4. 发动机缸垫被烧蚀的现象是________________，如换过缸垫仍被烧蚀的原因是____。

5. 当发动机运转时排蓝烟，且加机油口处脉动冒蓝烟，表明机油从________进入燃烧室。

6. 气门间隙过大会导致 ____________，气门间隙过小会导致________。

7. 机油被稀释是指____________；机油乳化是指____________。

8. 直观诊断法主要指____，____，____，____，____，____。

9. 对于捷达王轿车出现活塞顶弯气门现象，其常见故障原因是____________。

二、选择题

1. 在进行单缸断火实验时，声响无变化可能是（　　）。

A. 活塞销响　　B. 曲轴轴承响　　C. 活塞环响

2. 发动机在运转过程中逐渐熄火，多为（　　）故障。

A. 起动系统　　B. 点火系统　　C. 供油系统

3. 使火花塞与地保持 6mm 左右的距离，短暂起动发动机，火花塞上应有（　　）强火花出现。

A. 红色　　B. 黄色　　C. 蓝色

4. 燃油压力过高的可能为（　　）出现故障。

A. 燃油泵　　B. 燃油滤清器　　C. 油压调节器

5. 汽油机起动时有反转，怠速和急加速时有敲缸现象则故障为（　　）。

A. 点火时间过迟　　B. 点火时间过早　C. 触点间隙过小

6. 发动机气缸压力不足的原因有（ ）。

A. 燃烧室积炭　B. 活塞环开口间隙小

C. 气门间隙过小　D. 活塞销磨损

7. 磨合期不正常使用会导致（ ）。

A. 敲缸　B. 拉缸　C. 排黑烟　D. 排白烟

8. 发动机运转时出现明显异响，单缸断火时响声无明显变化，相邻两缸断火时，响声消失是（ ）。

A. 曲轴主轴承响　B. 连杆轴承响　C. 活塞环响　D. 气门响

9. 发动机温度过高，故障原因是（ ）。

A. 风扇转速高　B. 点火过早　C. 节温器故障　D. 冷却系统大循环

10. 发动机进气管回火，运转不稳，检测气缸压力，2、3 缸压力为 0。原因是（ ）。

A. 混合气过稀　B. 点火错乱　C. 缸垫烧坏　D. 烧气门

三、判断题

1. 曲柄连杆机构和配气机构的异响与发动机的工作循环没关系。（ ）

2. 氧传感器失效，可能导致混合气过浓或混合气过稀。（ ）

3. 点火时间过迟、混合气过稀或过浓，都将引起发动机冷却系统水温过高。（ ）

4. 电子点火系统与传统点火系统比较，主要增加了点火控制器和点火信号传感器，取消了断电器触点。（ ）

5. 气缸压力不足或点火不正时都很难起动发动机。（ ）

6. 电控燃油喷射式发动机无故障码，说明发动机一切正常。（ ）

第3章 底盘故障诊断与排除

学习目标

汽车能否安全运行，与底盘各部分的技术状况有密切关系。汽车底盘的技术状况，关系到整车行驶的操纵稳定性和安全性，同时还影响发动机的动力传递和燃油消耗，因此汽车底盘也是汽车故障诊断的重点内容之一。

汽车底盘由传动系统、转向系统、制动系统和行驶系统等组成。在运行过程中经常受到复杂的、变化极大的冲击载荷，各零件除运动表面的自然磨损外，还存在因受力过大引起的变形或断裂，因而导致各种故障的产生。在故障诊断的过程中，必须综合考虑底盘各总成的相互关联和影响才能找到真正的故障原因，确定故障部位。

3.1 传动系统故障诊断与排除

汽车传动系统与发动机协同工作，保证汽车在各种使用条件下的正常行驶，具有减速增矩、实现汽车倒驶、必要时中断传动、差速及万向传动等功能。传动系统由离合器、变速器（及分动器）、万向传动装置和驱动桥（减速器、差速器、半轴）等组成，传动系统常见故障为功能异常和异响，其常见故障部位如图 3-1 所示。

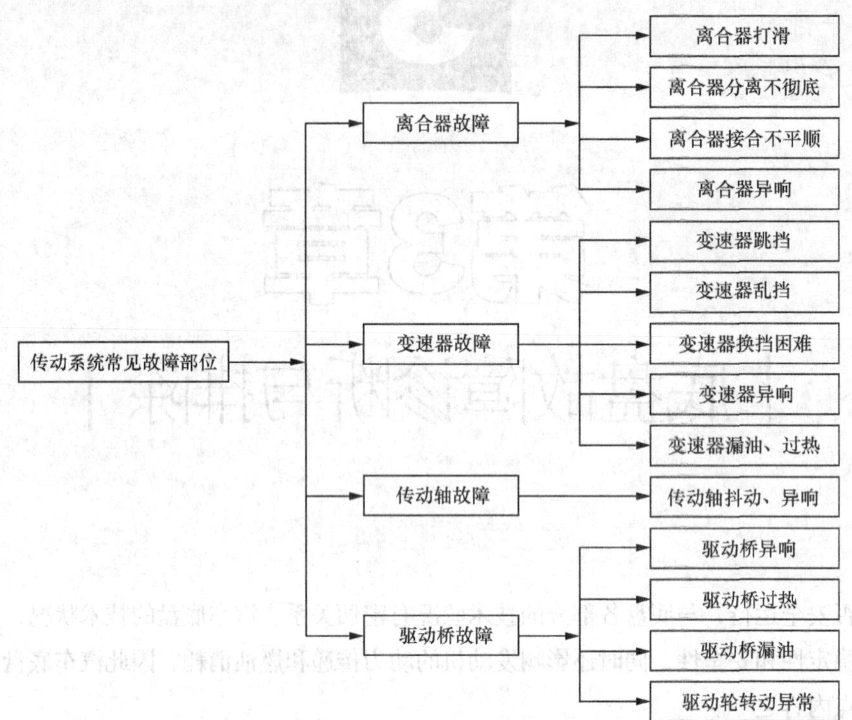

图3-1 传动系统常见故障部位

3.1.1 离合器故障诊断与排除

汽车根据发动机的位置不同及驱动轮的驱动形式不同，底盘传动系统的布置形式随之改变。但在手动变速器的车辆上使用的均是摩擦片式离合器，只是离合器的操纵机构的运动关系有所不同。摩擦片式离合器的种类较多，但在中型以下车辆采用膜片式离合器的最多，尤其是轿车上均采用膜片式离合器。无论是哪种形式的摩擦片式离合器，它们均是由主动部分、从动部分、压紧机构和操纵机构 4 部分组成。

离合器是以摩擦力矩的形式传递动力的，因此，摩擦面积、摩擦系数由主动和从动两部分提供，压力则由压紧机构完成，分离或结合动作（或功能）则由操纵机构完成。所以，分析、判断摩擦片式离合器的常见故障时，根据故障现象，结合离合器具体结构特点，从摩擦面积、摩擦系数、压紧力及操纵等几个方面进行。另外，离合器的正常工作还与发动机曲轴、飞轮、变速器输入轴及壳体的技术状况等有关，这也是最容易忽视的部位或地方。

轿车用离合器的结构特点是膜片弹簧、带扭力减振器的摩擦片（从动盘）、机械拉索或液压操纵控制。常见故障有打滑、分离不彻底、发抖、异响等。每一种故障都会以不同的形式表现出来，所以故障现象是识别故障类型关键的一步。

1. 离合器分离不彻底

（1）故障现象。

① 发动机怠速运转，踩下离合器踏板挂挡时，挂挡困难或不能挂上挡位。熄火后则挂挡容易。

② 挂上起步挡后，踩下离合器踏板，起动发动机时，车辆移动。

③ 行驶中换挡困难，并伴有变速器打齿响声。

（2）故障实质。离合器在分离后摩擦力矩依然存在，即主、从动部分依然有接触压力。

（3）故障原因。

① 操纵机构方面。离合器自由行程过大；液压操纵系统内有空气、油液不足或漏油，液压操纵系统主缸、工作缸工作不良、分离轴承座移动阻滞等。

② 离合器方面。更换的摩擦片过厚或装反，从动片严重翘曲或破裂，从动盘在变速器一轴上移动困难，分离杠杆内端不在同一水平面内，个别分离杠杆或调整螺钉折断，膜片弹簧过软、离合器压盘变形、双片离合器中间压盘限位螺钉调整不当等。

③ 其他方面。变速器一轴与曲轴同心线同轴度差，飞轮壳有裂纹，发动机曲轴轴向间隙过大等。

（4）故障诊断与排除。挂上起步挡，完全踩下离合器踏板，起动发动机。如果车辆静止不动，证明离合器分离正常，如果起动发动机时车辆移动，则确认是离合器分离不彻底的故障。

离合器分离不彻底，实质问题是主、从动部分未完全离开或依然接触。主要原因有两个方面，一是分离操纵机构工作异常；二是离合器本身故障。依据具体车型，从这两个方面分析、判断。如单片式、双片式；杠杆操纵机构、机械拉索机构、液压操纵机构等离合器，尽管原理相同，但结构布置、运动关系等不尽相同，应具体情况，具体对待。

离合器操纵系统不同，踏板自由行程调整方法也不同。对杆式操纵系统，用改变踏板拉杆长度的方法来调整踏板自由行程；对拉索式操纵系统，可用改变拉索长度的方法来调整其自由行程。车型不同，踏板自由行程标准值也不相同，如桑塔纳轿车离合器踏板自由行程为 15～20 mm；捷达轿车离合器拉索具有自动补偿离合器自由行程的功能，是一种免维护、免保养、免调整的自动调整拉索。

液压操纵式离合器还有如下规律。

① 如果踏板踩动时有弹性感，且离合器分离不彻底，则故障为液压系统有空气。

② 如果离合器踏板一次就可踩到底，说明液压主缸内液压油泄漏严重。

③ 如果液压系统内无气，但分离时必须踩两下踏板，则需清洗系统管道。

对新装复的离合器，如果出现分离不彻底现象应进行如下检查。

① 踩下离合器踏板，若踏板沉重，多为更换的新从动盘摩擦片过厚而使离合器压紧弹簧过度压缩，预紧力过大，且离合器分离后压盘间隙不足，致使分离不彻底，可重新更换摩擦片。

② 踏下离合器踏板观察从动盘位置。若双片离合器从动盘前端面与中间压盘紧抵或单片离合器从动盘前端面与飞轮紧抵，而其后端面却与压盘有足够的间隙，则说明变速器一轴后轴承盖颈部过长，以致抵触从动盘花键毂，使从动盘不能后移。

③ 若上述检查正常，经调整后仍难以分离，则应检查从动盘是否装反。单片离合器从动盘毂多朝向飞轮，双片离合器两从动盘毂相对（解放车）或按规定装配。

④ 若以上各项均正常，则应检查和调整分离杠杆高度（方法如前述）若分离杠杆高度合适，则参照上述诊断过程进行诊断和排除。

离合器分离不彻底故障的诊断方法如图 3-2 所示。

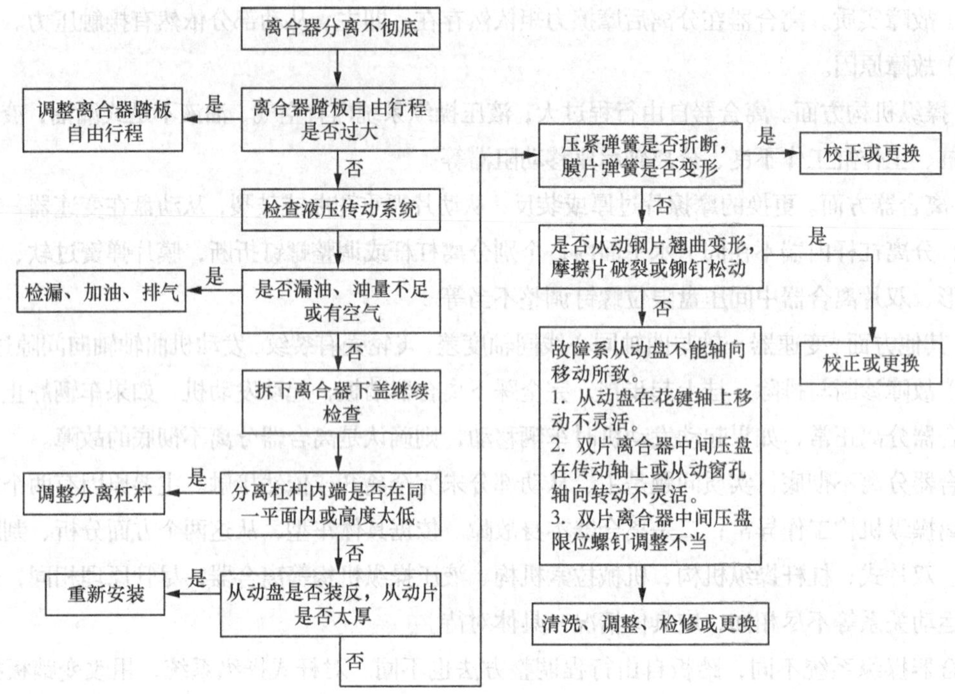

图3-2 离合器分离不彻底故障的诊断方法

2. 离合器打滑

（1）故障现象。

① 挂低挡起步时，离合器踏板完全放开后，必须加大加速踏板行程才能起步。

② 汽车加速行驶时，行驶速度不能随发动机转速升高而升高，负载上坡时，打滑较明显，严重时会散发出因摩擦衬片过热而产生的焦臭味。

③ 车辆加速性能较差，但滑行性好。

（2）故障实质。离合器产生的摩擦力矩小于需传递的力矩。实质是摩擦力矩小。摩擦力矩的大小取决于接触面积、压紧力及摩擦系数。应围绕这三方面来考虑。

（3）故障原因。① 操纵机构方面。自由行程过小或无自由行程；液压操纵系统不回油或回油不畅；分离叉不复位或卡滞等。

② 离合器方面。膜片弹簧过软或破裂，从动片过薄、烧焦、硬化、表面不平或铆钉外露；飞轮及离合器压盘工作表面磨损严重等。

③ 其他方面。离合器盖与飞轮连接螺栓松动。

（4）故障诊断与排除。拉紧驻车制动，起动发动机，踩下离合器踏板，挂起步挡，松离合器踏板并踩下加速踏板。如果发动机迅速熄火，证明离合器不打滑，如果发动机熄火缓慢或不熄火，就确认是离合器打滑故障。

按图 3-3 所示的流程诊断并排除故障。在诊断过程中要注意检查离合器压盘和从动盘的磨损和变形情况，若超过规定的技术要求必须及时维修或更换。如桑塔纳轿车离合器的从动盘摩擦衬片铆钉头最小深度为 0.3 mm，在从动盘外边缘 2.5 mm 处端面圆跳动量不应大于 0.5 mm，压盘向内扭曲量最大不应大于 0.20 mm，超出极限应更换。

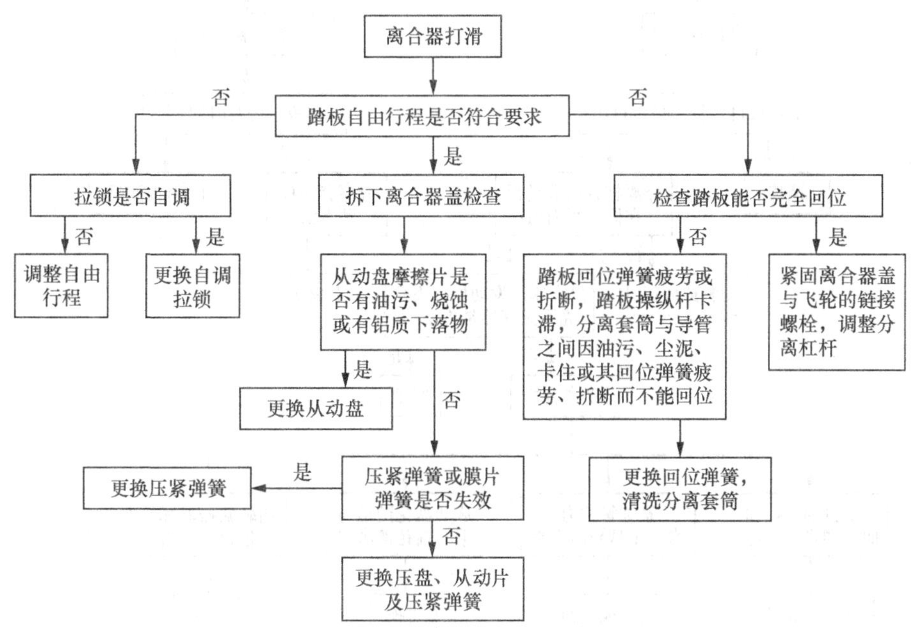

图3-3 离合器打滑的故障诊断流程图

3. 离合器接合不平顺

（1）故障现象。汽车低挡起步时，按照正确操作规范执行，但离合器不能平稳接合而且产生振抖，严重时整车产生振抖。

（2）故障实质。离合器接触表面不平整。

（3）故障原因。

① 操纵机构。离合器拉索复位不畅或液压系统回油困难、分离轴承移动困难等

② 离合器方面。离合器摩擦工作面严重翘曲、离合器固定螺栓松动、变速器一轴与发动机曲轴同轴度差，膜片弹簧分离指高度不一致，从动盘减振弹簧折断，从动盘花键毂严重磨损等。

（4）故障诊断与排除。起动发动机，踩下离合器踏板，挂起步挡，松开驻车制动手柄，缓慢松开离合器踏板并踩加速踏板起步。若车辆起步平稳，则离合器正常；若起步过程中，车辆有明显振抖，甚至整车振抖，但车辆行驶后振抖消失，则确认故障是离合器发抖。

离合器在起步时有振抖现象，证明振抖与起步时须克服较大阻力。而且，在离合器振抖过程中，车辆运动状态是变速前进，即有间断冲撞，证明离合器在工作过程中静摩擦和滑动摩擦交替变换。实质问题就是静摩擦力矩可在短时间克服起步阻力，但因摩擦面积小而不能维持，摩擦的表面材料很快被剪切、滑动、又进入另一个小的摩擦面。根据以上分析，离合器发抖的故障原因主要是摩擦

面翘曲。如飞轮、离合器压盘、从动盘表面翘曲；或螺旋弹簧式离合器的分离杠杆高度调整不一致或个别弹簧折断、退火等。其故障诊断流程如图 3-4 所示。

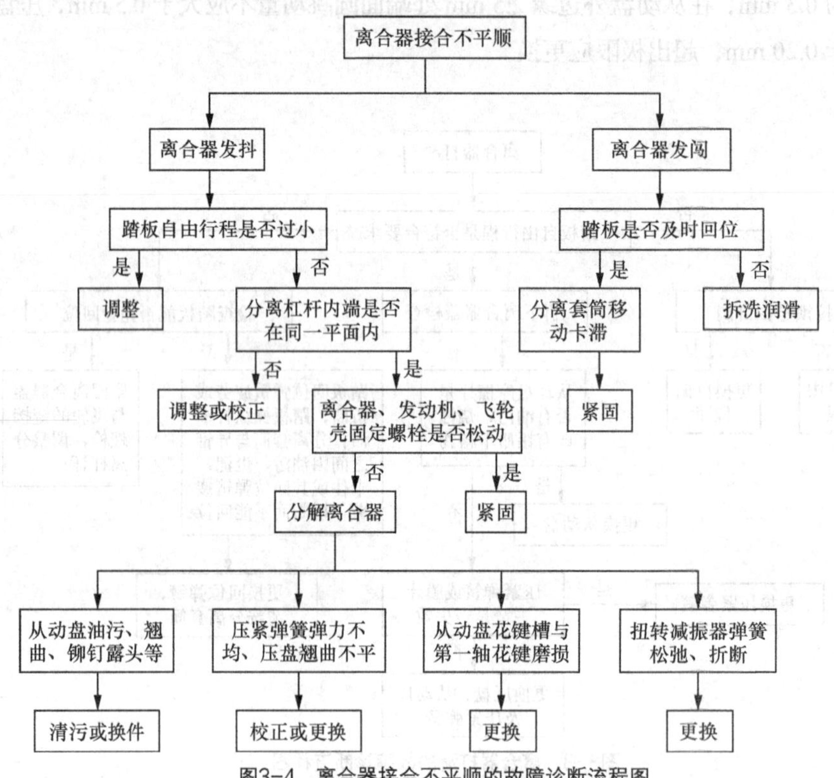

图3-4　离合器接合不平顺的故障诊断流程图

4. 离合器异响

（1）故障现象。在汽车行驶过程中，踩下离合器踏板时发出异响，放松踏板时异响消失；或踩下、放松离合器踏板时都有异响。离合器异响往往在发动机起动后、汽车起步前离合器接合和分离时产生。

（2）故障原因。

① 操纵机构方面。分离轴承缺油、松散；液压系统回油不畅、踏板回位弹簧过软、折断，离合器踏板无自由行程等。

② 离合器方面。飞轮、离合器压盘及从动片摩擦表面出现硬化层；从动摩擦盘花键毂与变速器一轴花键配合间隙过大；从动片减振弹簧退火或折断；离合器固定螺栓松动等。

③ 其他方面。发动机曲轴轴向间隙过大

（3）故障诊断与排除。发动机怠速运转，拉紧驻车制动，变速器挂空挡，慢慢踩下离合器踏板，听响声变化；再缓缓放松离合器踏板，听响声变化。如此反复多次，均出现不正常响声，即为离合器异响。

异响规律如下。

① 在车辆起步或离合器分离瞬间出现尖叫声，则故障为离合器摩擦表面出现硬化层。

② 踩离合器踏板时感觉有沉闷的“咯噔”声，而且离合器踏板的自由行程难以调整，则故障是发动机曲轴窜动（曲轴的轴向间隙过大）。

③ 刚踩动离合器踏板就有“沙沙”声，则为离合器分离轴承异响。

④ 起动发动机后，不踩离合器踏板时有异响，踩下踏板后异响消失，故障在变速器。

⑤ 起动发动机后，离合器有非常严重的金属摩擦声，且伴随有离合器分离不彻底和打滑现象，说明离合器从动摩擦盘方向装错。

离合器异响的故障诊断流程如图 3-5 所示。

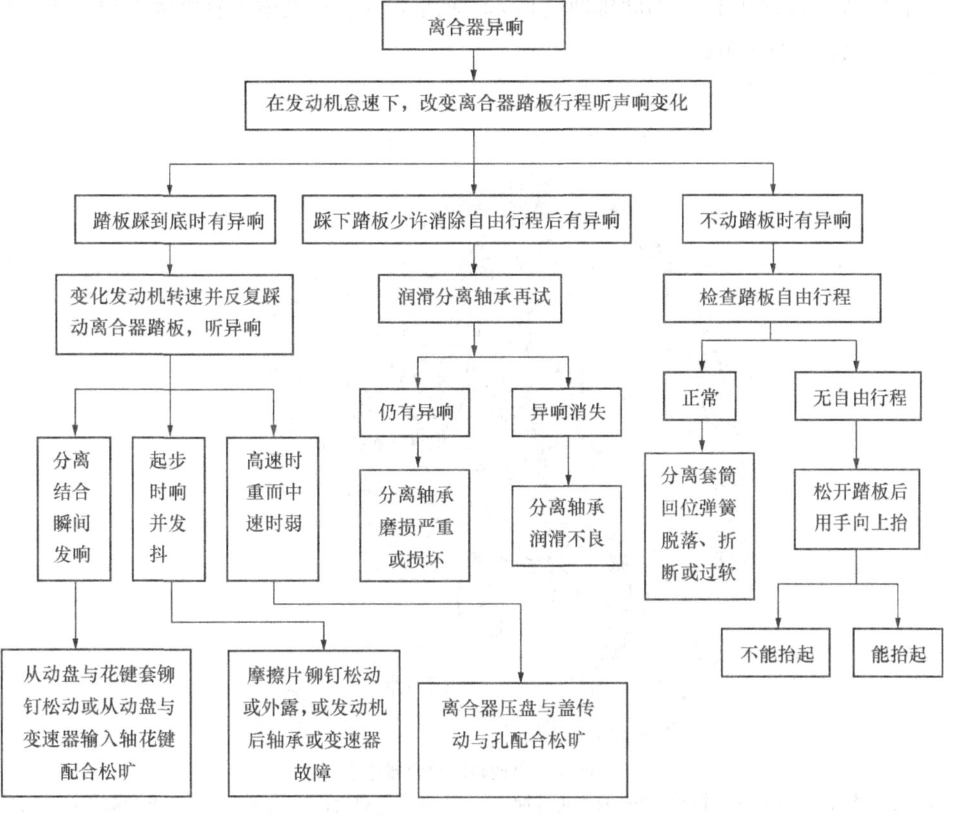

图 3-5　离合器异响的故障诊断流程图

故障实例分析

故障一

1. 故障现象

奥迪 100 轿车不好挂挡，要用力推拉才能挂上。行驶里程 77 000km。

2. 故障诊断与排除

经检查，发动机运转时各挡都摘挂困难，关闭发动机，再挂各挡都轻松自如。

检查离合器自由行程，约为 30mm，正常。检查液压系统，没有气泡，但踩下离合器踏板时能听到离合器处“吱”的一声响。

根据检查结果认为是离合器分离不彻底。拆下变速器，解体离合器。离合器从动片未磨损过度。

从动片表面也不翘曲。扭转减振器良好。经检查压盘没有烧痕。膜片弹簧分离指端也未严重磨损。但发现变速器一轴前端被烧黑，上面还有磨碎的金属铁屑。

检查曲轴后端的滚针轴承。发现支架破裂，滚针磨坏，打磨变速器输入轴前端。更换损坏的滚针轴承并加注适量润滑脂。装车后。变速器各挡都摘挂正常。

本车损坏的轴承即图 3-6 中的零件 3。车辆正常行驶时，发动机曲轴和变速器输入轴同步旋转，两者之间没有相对转动，此轴承不起作用。踩下离合器踏板后或离合器半连动状态时，曲轴和变速箱输入轴之间有相对转动，此时轴承开始滚动工作。轴承损坏后，离合器摩擦片虽然与飞轮脱离接触，变速箱输入轴动力被切断，但曲轴通过损坏的轴承带动变速器输入轴继续转动，造成离合器不能完全分离、不好挂挡的故障。

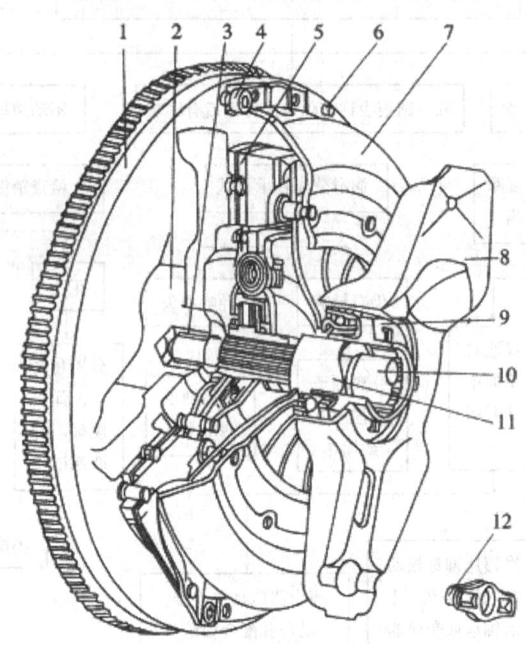

图3-6 奥迪轿车离合器总成

1—飞轮；2—曲轴；3—前支承轴承；4—内六角螺栓；5—离合器从动盘；6—定位销；7—离合器盖及压盘总成；8—离合器分离叉；9—离合器分离轴承；10—变速器输入轴；1l—轴承导套；12—离合器分离叉座片

故障二

1. 故障现象

奥迪 100 挂挡困难。行驶里程 11 500km。

2. 故障诊断与排除

经检查发现发动机运转时，各挡都要用力推拉才能挂上，关闭发动机后，各挡能轻松挂上，这说明故障原因可能是离合器分离不彻底。

奥迪轿车采用液压离合器操纵机构，如果液压系统中有空气，就会造成离合分离不良的故障，即踩下离合器踏板时感觉无力，松开离合器踏板时回位不良。

一人在车内连续踩下、放松离合器踏板，然后踩下踏板并保持，另一人松开工作缸（位于离合器壳体上，即分泵）端部的放气阀堵塞，发现有大量气泡冒出，如此反复多次，直到没有气泡冒出为止。放气后，起动发动机，试挂各挡都正常。

如果因修理需要拆开离合器液压系统，就会使管路进入空气。根据修理经验。离合器液压系统的空气不易放尽。人工放气需要反复多次排气。一定要有耐心。

故障三

1. 故障现象

奥迪 100 发动机转速很高时，车速上升缓慢，最高车速只有 90km/h。行驶里程 123 000km。

2. 故障诊断与排除

因车辆已行驶 100 000km 以上，出现离合器打滑的故障可能是离合器片过度磨损所致。

拆下离合器，测得从动盘厚度为 6.2mm，铆钉外露，磨损严重。按技术要求，离合器从动盘的厚度应为 8.4mm，总磨损量（双面）为 1.5mm，从动盘表面距铆钉的距离最小为 0.3mm。更换离合器从动盘和压盘，故障排除。

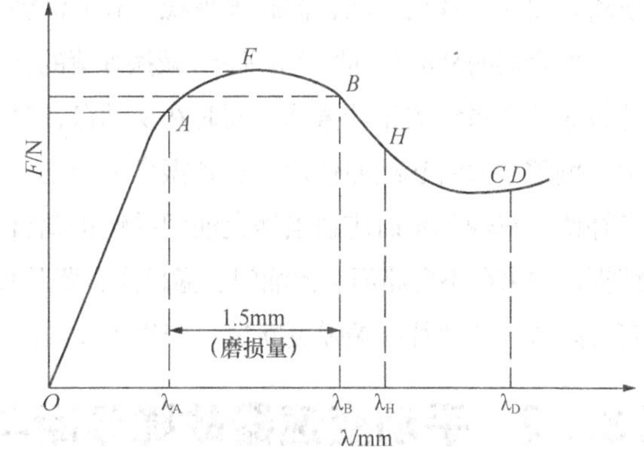

图3-7 膜片弹簧的弹性曲线

根据膜片弹簧的特性曲线，如果离合器片过度磨损，超过极限时，压盘的压力会急剧下降，造成离合器打滑的故障。有资料介绍，膜片弹簧离合器在从动盘磨损后，压盘压力会增大，但这只是在一定的磨损范围内才发生。膜片弹簧的特性曲线如图 3-7 所示，图 3-7 中 *B* 点是离合器的安装位置，即接合状态的压力点。随着从动盘的磨损，膜片弹簧变形量减小，压力点左移，此时压力增大，当左移至 *F* 点时压力达最大值。如果从动盘继续磨损，压力值就会下降，*A* 点是从动盘摩擦片磨损至极限状态（磨损量为 1.2～1.5mm）的压力点。当从动盘再继续磨损时，压盘压力会直线下降，产生离合器打滑的故障。

故障四

1. 故障现象

一辆红旗轿车，发动机转速很高时，车速上升缓慢，最高车速只有 90km/h。行驶里程：123 000km。

2. 故障诊断与排除

因车辆已行驶十几万千米，出现离合器打滑的故障可能是离合器片过度磨损所致。

拆下离合器测得从动盘厚度为 6.2mm，铆钉外露、磨损严重。按技术要求，离合器从动盘的厚度应为 8.4mm、总磨损量（双面）为 1.5mm，从动盘表面距铆钉距离最小 1.3mm。更换离合器从动盘和压盘，故障排除。

故障五

1. 故障现象

奥迪 100 离合器分离不彻底。

2. 故障诊断与排除

首先检查离合器的液压系统，无空气，主缸和工作缸正常。拆下变速箱，解体离合器，测量离合器片的厚度，为 8.0mm，正常。更换离合器压盘后，离合器分离彻底，挂挡正常。

压盘分离不良的原因是膜片弹簧刚度不够，在踩下离合器 踏板时，膜片分离指的附加弯曲变形太大，不足以使离合器彻底分离。

故障六

1. 故障现象

奥迪车起步不稳，离合器处有异响。行驶里程 68 000km。

2. 故障诊断与排除

一人在车内起步，一人在车外听，在离合器处发出“哐”的一声。

拆下变速器，拆检离合器，发现离合器从动片的减振弹簧全部断裂，造成起步时“闯”车。更换离合器从动片后，离合器起步平稳，异响消失。

离合器的从动盘如图 3-8 所示，减振弹簧的作用是减缓传动系统的扭转振动，同时在从动盘花键磨损、侧隙增大时起缓冲作用，从减振角方面给予适当补偿。车辆起步时应适当增大油门并慢抬离合器踏板，如果在不良路面上大油门、猛松离合器踏板，有可能造成从动片减振弹簧断裂，产生上述故障。

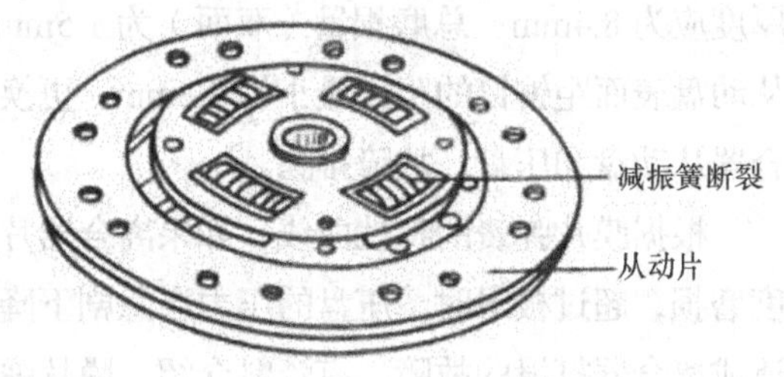

图3-8 离合器的从动盘

3.1.2 手动变速器故障诊断与排除

汽车变速器在使用中，常见的故障有跳挡、乱挡、换挡困难、异响及漏油等，这些故障的存在，不但使驾驶员操作困难，难以正常行驶，还可能直接造成机件的损坏，所以发现故障应及时排除。

1. 跳挡故障

（1）故障现象。在车辆起步、加速、减速或上下坡时，变速杆自动跳回空挡位置。

（2）故障实质。变速齿轮不能完全啮合。

（3）故障原因。

① 操纵机构。自锁机构失效；操纵机构调整不当；拨叉弯曲、过度磨损，使齿轮不能正常啮合；同步器接合套与拨叉轴轴向间隙太大等。

② 齿轮变速机构。齿轮齿面磨成锥形、轴与轴之间不平行、不同轴、齿轮啮合不到位、轴承间隙过大；主轴的花键齿和滑动齿轮的花键槽磨损严重，在运转时上下摆动而引起跳挡等。

（4）故障诊断。对故障车辆进行路试，确认并找出发生跳挡的挡位。按照正常的操作规程使车辆起步、加挡、减挡、加速、减速及在平坦、坡道（上、下坡）路况等工况下进行道路试验。如果变速器在某个挡位时出现自动退入到空挡或发动机转速突然升高，则确认跳挡发生在这个挡位。如起步时跳挡、某个挡位跳挡、直接挡跳挡等。

变速器换挡动作是在操纵力的作用下使两个齿轮相对滑移而进入啮合状态（得到不同的传动比），并在自锁机构的作用下保持啮合位置的。滑移给退出挡位提供了空间。因此，变速器出现跳挡的主要原因就有两个，一是自锁机构失效，使车辆在变速行驶或坡道行驶时自动退出挡位，如自锁弹簧折断、弹力不足、自锁钢球直径过大、自锁凹槽磨损等；二是在齿轮啮合过程中有轴向推力而自动退出挡位，如齿轮啮合长度不足、倾斜啮合、齿轮轴向间隙过大、各轴之间同轴度、平行度、位置度差等，使齿轮产生楔形或锥形磨损，在啮合过程中产生轴向推力，使挡位脱离。

变速器自动跳挡故障的诊断流程如图 3-9 所示。

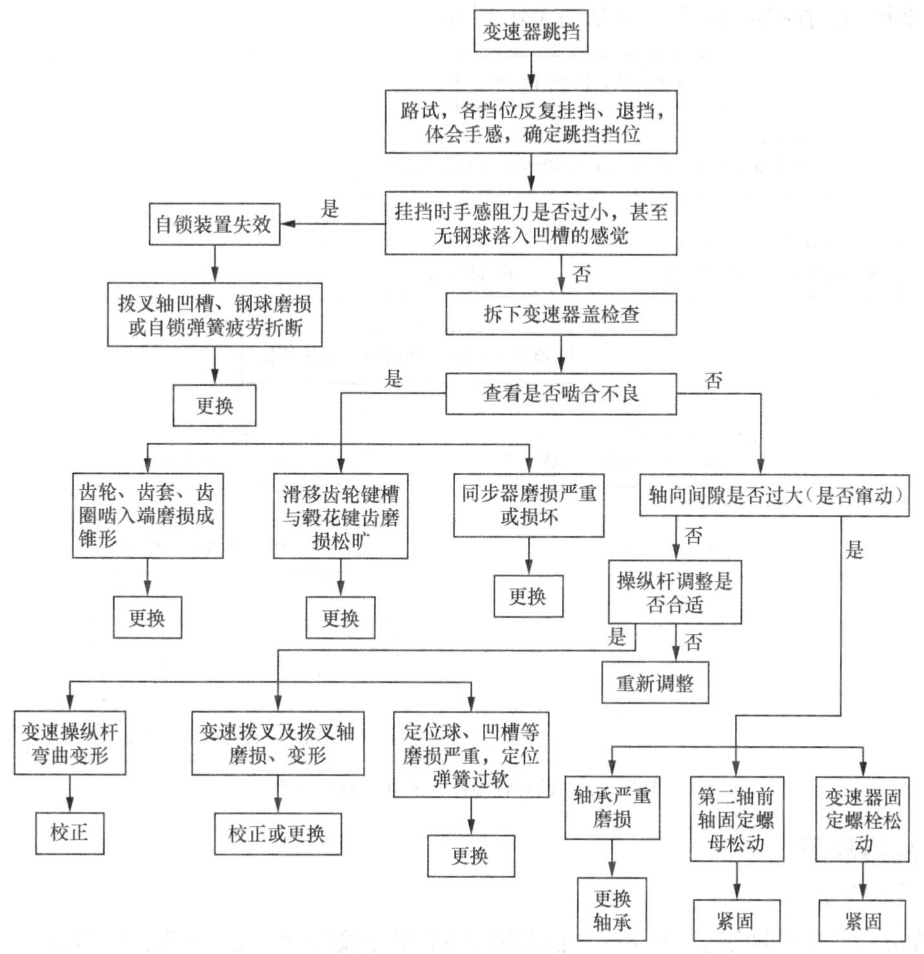

图3-9　变速器跳挡的故障诊断流程图

2. 换挡、挂挡困难故障

（1）故障现象。离合器在工作良好的条件下，变速杆不能正常挂上挡位或者勉强挂入挡位后又很难退挡，齿轮发响。

（2）故障实质。操纵机构磨损、变形或挂挡互锁机构失效、变速齿轮磨损、变形。

（3）故障原因。

① 操纵机构。换挡拨叉变形、拨叉轴弯曲、自锁钢球直径过小、弹簧弹力过大、凹槽磨深、互锁机构故障、调整不当等。

② 齿轮变速机构。同步器损坏、齿轮端的摩擦锥面磨损严重，端头有严重“毛刺”，严重锈蚀，造成变速叉轴移动困难；齿轮轴向间隙过大；变速器装配不良，各齿轮及轴的配合不符合技术标准等。

③ 其他。离合器不分离。

（4）故障诊断。挂、换挡困难应区分是离合器分离不彻底导致还是变速器的故障。车辆行驶时挂某挡位困难，待车静止时，再挂该挡位，若挂挡仍困难为变速器故障，若挂挡变容易为离合器分离不彻底故障，涉及该挡位的操纵机构、变速齿轮及轴。

变速器换挡、挂挡困难故障诊断如图 3-10 所示。

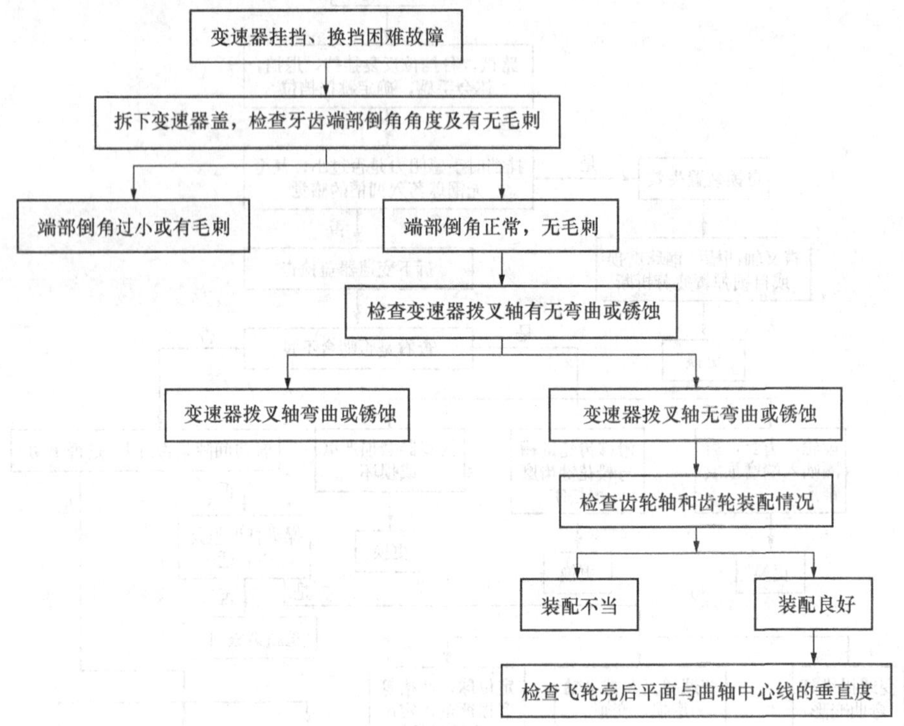

图3-10 变速器换挡、挂挡困难故障诊断

3. 乱挡故障

（1）故障现象。

① 在离合器分离彻底的情况下，车辆在起步或行驶中换挡时，挂不上所需的挡位。

② 虽能挂入所需挡位，但不能退回空挡。

③ 车辆静止时同时挂入两个挡位。

（2）故障原因。

① 互锁装置使用时间过长，拨叉轴、自锁钢球、互锁柱销等磨损严重，失去互锁作用。

② 变速杆定位销磨损松旷或折断，失去控制作用。

③ 变速器拨叉轴弯曲、互锁销凹槽磨损，不能起定位作用。

④ 变速器拨叉弯曲或变速杆下端工作面磨损严重，使其不能正确拨动换挡导块而乱挡。

（3）故障诊断。实际进行挂挡试验，确认乱挡形式。只要符合以下几种现象中的任一种，均属变速器乱挡。

① 不能挂上任何一个挡位，变速杆无挂挡感觉。

② 挂入某个挡位后却不能退出或变速杆退出但齿轮依然啮合，此时无法换入另一挡位。

③ 车辆在静止时可同时挂入两个挡，此时，车辆无法起步，且发动机容易熄火。

分析乱挡故障时，应根据故障的具体表现进行。乱挡的分析重点一般集中在变速器的换挡操纵机构方面，但也应考虑到齿轮的啮合状况。根据变速器的换挡原理及运动关系，对几种乱挡表现分析如下。

① 换挡机构脱节，如换挡拉杆或拉索脱节，换挡拨销与销轴脱节，换挡拨销与拨叉脱离等。

② 自锁机构发卡而不能退回空挡，齿轮轴向间隙过大，啮合后使同步器的三个传力块弹出而阻止齿轮退出，或者换挡拨销头部磨损、拨叉槽磨损，拨销在退回时不能带回拨叉。

③ 变速器的互锁机构失效。如互锁销或钢球磨损严重；互锁槽磨损严重；未安装互锁销或钢球。

变速器乱挡故障诊断如图3-11所示。

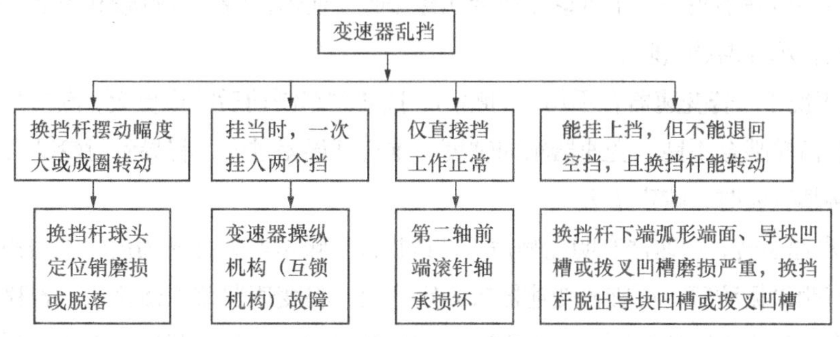

图3-11 变速器乱挡故障

4. 变速器异响故障

（1）故障现象。变速器异响是指变速器内发出不正常响声，主要表现如下。

① 变速器空挡异响。发动机怠速运转，变速器处于空挡时即有异响，踩下离合器踏板后响声消失。有的空挡异响不明显，但在汽车起步、离合器处于半接合状态时有强烈的金属摩擦声。

② 直接挡工作无异响，其他挡均有异响。

③ 低速挡有异响，高速挡时响声减弱或消失。汽车在一、二、倒挡行驶时异响明显，高速挡（直接挡或超速挡）行驶时，响声减弱或消失。

④ 变速器个别挡有异响。汽车行驶时，只在某一挡位有异响。

⑤ 变速器各挡均有异响。汽车以各挡行驶时，变速器均有异响，车速越高，响声越大。

（2）故障原因。

① 新更换的齿轮副不匹配或单独更换了一个齿轮，破坏了原来的配合。

② 轮齿磨损过度，齿侧间隙变大，导致齿面撞击声响。

③ 齿轮齿面损伤或齿轮断裂、个别齿折断，造成较为强烈的金属敲击声响。

④ 同步器的严重磨损，锁环滑块槽的严重磨损及环齿折断，均会产生不正常响声。

⑤ 齿轮油不足或变质，将导致各运动副润滑不良，出现金属干摩擦声响。

⑥ 各轴弯曲变形，同轴度、垂直度误差过大，影响了齿轮的正常啮合和轴承的正常运转。

⑦ 滑移齿轮齿槽与花键齿磨损严重，配合松旷导致主、从动齿轮相互撞击，产生异响。

⑧ 变速器壳体磨损、变形及总成定位不良，破坏了各齿轮副、轴承及花键齿的配合精度，是导致变速器异响的重要原因。

⑨ 变速操纵机构中，变速杆及变速叉变形、松动及过度磨损均会造成异响。

（3）故障诊断。变速器异响与挡位、齿轮副转速、负荷等因素均有关系，挡位不同，齿轮副转速不同，参加工作和承受载荷的零件也不同，因而异响部位也不同。

① 在汽车行驶中，若听到变速器部位有金属干摩擦声，触摸变速器外壳感到烫手，则为润滑油不足或变质，应按规定添加或更换变速器润滑油。

② 变速器空挡异响的故障诊断。变速器空挡时，承受负荷的仅有第一轴常啮合齿轮及其轴承。

a. 发动机怠速运转，变速器置空挡时有异响，拉紧驻车制动后响声加重，踏下离合器踏板响声即消失。行驶中响声并不明显，用听诊器或金属棒触听变速器前端，异响较其他部位强烈，则为第一轴后轴承及其轴承孔磨损松旷。

b. 在上述工况下，若变速器有不均匀的噪声，拉紧驻车制动后响声更大，汽车行驶中声响也清晰，多为常啮合齿轮啮合不良。变速器轴同轴度、垂直度误差过大，将导致齿轮啮合不良，产生异响，且在非直接挡行驶时，响声增大。

c. 发动机怠速运转，变速器有明显噪声，转速提高、噪声增大并转为齿轮撞击声。可先轻轻推拉变速杆，若有明显振动感，可旋松变速器盖固定螺栓，将变速器盖微微移动，若移至某种程度时响声减轻或消失，说明变速器盖原来定位失准，应重新定位、安装。若响声不变，则应检查变速叉有无松动、变形，若有则进行校正和紧固。

③ 直接挡工作无异响，其他挡均有异响的故障诊断。普通变速器在直接挡工作时，中间轴和第二轴前轴承并不承受负荷，而在其他挡工作时，二者均有负荷。其诊断过程如下。

a. 若在任一非直接挡工作时，变速器均有连续的金属敲击声，并伴有变速杆的前后振摆，说明第二轴前滚针轴承损坏。

b. 若在任一非直接挡工作时，均有连续的沉闷噪声，且在毗邻直接挡的低速挡噪声尤重，多为中间轴前轴承或后轴承损坏。

c. 若以任一非直接挡行驶时变速器突然出现强烈的“铛铛”金属敲击声，多为第一轴常啮合齿轮副个别齿折断。

d. 上述情况可拆下变速器盖予以验证。若第二轴前端径向间隙过大，说明滚针轴承不良；中间轴径向间隙过大，说明其两端轴承不良；啮合齿轮损伤可直接目测。

④ 低速挡有异响，高速挡时响声减弱或消失的故障诊断。变速器在一挡、二挡和倒挡传递转矩较大，且一、二挡齿轮又接近第二轴后轴承，因此在低挡时轴承负荷比高挡时大得多，若有损坏则特别易在一、二挡时表现出来。

a. 架起驱动桥，起动发动机，使变速器在一、二挡或倒挡运转。查听异响并辅之以听诊器或金属棒听诊，可确诊异响部位在第二轴后轴承及倒挡齿轮处。

b. 停车并将变速器置于空挡，放松驻车制动。径向晃动第二轴凸缘，若其径向间隙过大，说明第二轴后轴承松旷或损坏。

⑤ 变速器个别挡异响的故障诊断。变速器个别挡异响多为在异响挡位工作时，承受负荷的齿轮、轴承磨损或损坏所致。

a. 若某挡有异响，可能是该挡齿轮啮合不良或齿面剥落损伤、断齿等，可拆下变速器盖予以验证。

b. 更换某挡齿轮后该挡产生异响，则为单独更换了一个齿轮，破坏了原来的配合所致。

⑥ 变速器各挡均有异响的故障诊断。变速器各挡均有异响，多为变速器壳严重磨损、变形所致。

a. 变速器在各挡行驶均有连续而沉闷的异响，且挂挡吃力，变速器温度过高。其原因是第二轴弯曲或壳体的轴孔中心距偏小而使齿轮啮合间隙过小。

b. 汽车在各挡行驶时，变速器均有杂乱的噪声，车速越高，噪声越大，多为更换中间轴或第二轴后轴承后使齿轮啮合位置改变所致。若第二轴与各滑动齿轮花键配合松旷，则在高挡位行车时响声明显，特别是突然踩下加速踏板时，响声更为清晰。

⑦ 汽车运行中响声时有时无，尤其在不平路面上行驶时，操纵杆摆动会发出一种较沉闷、无节奏的响声，而握住手柄时响声即消失，一般为变速叉凹槽磨损或操纵杆下端工作面磨损所致，可焊补修复或更换。

⑧ 若上述检查均正常，则应检查变速器螺栓螺母是否松动、变速器内是否有异物等。

变速器异响故障诊断如图 3-12 所示。

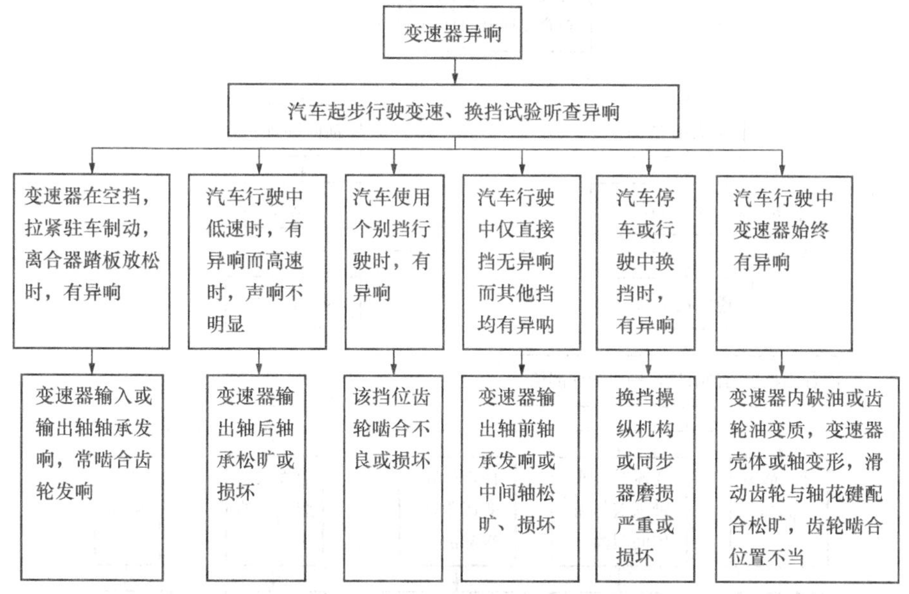

图3-12 变速器异响故障诊断

5. 变速器漏油故障

（1）故障现象。变速器盖周边、壳体侧盖周边、加油口螺塞、放油口螺塞、第一轴油封（或回

油螺纹）或各轴承盖等处有明显漏油痕迹。

（2）故障原因。

① 接合平面变形或加工粗糙。

② 油封磨损、老化、变形。

③ 回油螺纹与轴颈的安装不同心、回油螺纹沟槽污物沉积严重或有加工毛刺阻碍回油。

④ 油封轴颈磨损成沟槽。

⑤ 加油口、放油口螺塞松动或螺纹损坏。

⑥壳体有铸造缺陷或裂纹。

⑦通气孔堵塞，造成箱内压力太大。

⑧齿轮油加注过多。

（3）故障诊断。在变速器的外部有油迹、油滴或车辆的停放地面上有漏油。如果漏油部位在变速器与发动机飞轮壳之间，则用手摸法试验，如果油品黏度大则证明变速器漏油。如果油品黏度小，则为发动机漏油。

变速器漏油主要有密封不良引起的漏油和通气塞堵塞、油量过多等引起的气压性漏油。判断应从油量、通气塞开始。再检查各结合部位的密封情况及壳体有无裂纹、砂眼等损伤。

漏油故障诊断如图 3-13 所示。

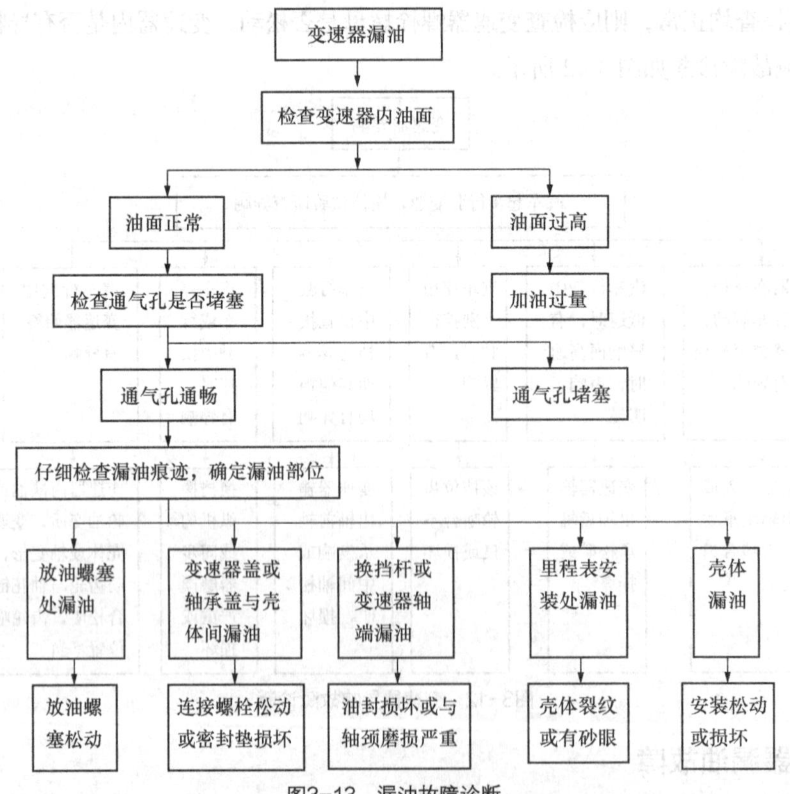

图3-13 漏油故障诊断

6. 变速器过热

（1）故障现象。汽车在行驶中可听到金属摩擦声，行驶一段路程后，用手触摸变速器，有过热烫手的感觉。

（2）故障原因。

① 齿轮油不足，齿轮油黏度过小或型号不对。

② 齿轮啮合间隙过小。

③ 轴承装配过紧。

（3）故障诊断与排除。

① 用手触摸变速器，变速器发热烫手说明变速器过热。

② 检查油面和油质。必须按原厂规定的型号及油面高度（油量）加注润滑油，如捷达轿车需加入 1.5L GL4 SAE80 或 G50 SAE75 W90 润滑油。

③ 新修的变速器应检查齿轮啮合间隙或轴向间隙是否过小、轴承是否过紧等。

故障实例

故障一

1. 故障现象

一辆奥迪 100 轿车只能挂上 3 挡、4 挡，其他各挡都挂不上。行驶里程 6 000km。

2. 故障诊断与排除

① 试车后发现挂 1 挡、3 挡、5 挡时，实际挂上的是 3 挡、挂 2 挡、4 挡、倒挡时，实际挂上的全是 4 挡，其他挡挂不上。

② 用举升器将车支起来，一人在车上挂挡，一人在车下观察挂挡机构动作，正常。放下车辆，用手扳动变速器上选换挡操纵机构，发现连杆总成的球头套开裂，更换连杆总成，变速器各挡位摘挂正常，故障消除。

损坏的连杆总成如图 3-14 所示，它脱落后，左右摆动变速杆时，选换挡轴不动作造成 1 挡、2 挡、5 挡、倒挡都挂不上。

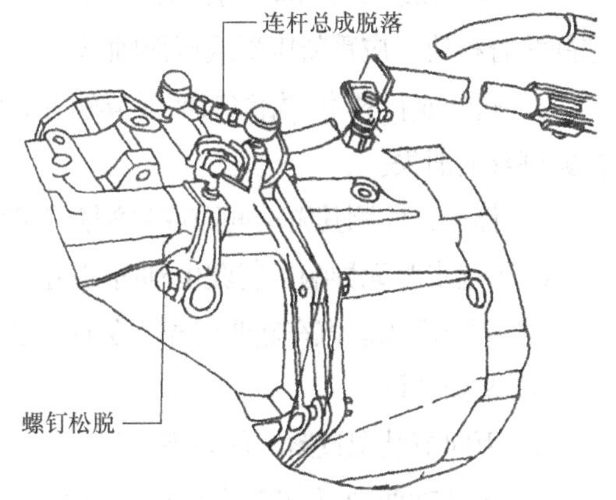

图3-14 奥迪轿车挂挡操纵机构

故障二

1. 故障现象

一辆红旗轿车加、减速时，4 挡脱挡。行驶里程 118 000km。

2. 故障诊断与排除

① 摘挂 4 挡时感觉行程正常，挂挡到位。检查变速器操纵机构，正常，没有松脱之处，分析故障可能在变速器内部。拆下并解体变速器，检查 4 挡从动轮及同步器，发现输入轴的 4 挡从动轮轴径处和滚针轴承过度磨损。更换 4 挡从动轮、滚针轴承和输入轴后，4 挡不再脱挡。

② 观察变速器齿轮油，发现变稀、发红，变速器润滑油变质，润滑不良，因车辆行驶时，多用

4 挡行驶，4 挡从动轮长时间用力，磨损过度，造成上述故障。

3.1.3 万向传动装置故障诊断与排除

汽车经常在复杂的道路上行驶，传动轴便是在角度和长度不断变化的情况下传递转矩的部件。万向节轴承磨损松旷、各连接处的松动、传动轴的弯曲变形、不平衡等，均可导致异响与振抖。

1. 异响故障

（1）汽车起步时有撞击声，行驶中始终有异响。

① 故障现象。汽车起步时传动轴有撞击声，行驶中当车速变化或高速挡低速行驶时也会出现撞击声，整个行驶过程中响声不断。

② 故障原因。此故障为连接松旷所致，具体部位如下。

a. 传动轴各凸缘连接处有松动。

b. 万向节轴承磨损松旷。

c. 中间轴承支架固定螺栓松动，内座圈松旷。

d. 后钢板弹簧 U 形螺栓松动。

③ 故障诊断与排除。

a. 汽车行驶中突然改变车速时，总有一声金属敲击响，多为个别凸缘或万向节轴承松旷，应紧固凸缘或更换轴承。

b. 制动减速时，传动轴出现沉重的金属敲击声，应检查并紧固后钢板弹簧螺栓。

c. 起步和改变车速时，撞击声明显，汽车低速行驶比高速行驶时异响明显，则为中间轴承内座圈静配合松动，应重新压配或更换轴承。

d. 起步或行驶中，始终有明显异响并感觉有振动，则为中间轴承支架固定螺栓严重松动，重新拧紧则异响消失。

e. 停车，检测其游动间隙或目测并晃动传动轴各部，即可找出松旷部位。

（2）起步时无异响，行驶中却有异响。

① 故障现象。汽车起步时虽无异响，但加速时异响出现，脱挡滑行时异响仍然十分清晰。

② 故障原因。

a. 万向节装配过紧，转动不灵活。

b. 传动轴两端万向节不在同一平面内，破坏了传动轴的等速排列。

c. 中间轴承球架散离、轴承滚道损伤、轴承磨损松旷或润滑不良。

d 中间轴承支架安装偏斜或轴承在支架中的位置不正。

③ 故障诊断与排除。

a. 低速行驶时出现清脆而有节奏的金属敲击声，脱挡滑行时声响仍清晰存在，多为万向节轴承壳压紧过度使其转动不灵活，一般发生在维修之后。

b. 汽车行驶时，车速加快响声增大，脱挡滑行时尤为明显，直到停车才消失，一般为中间轴承响。若响声混浊、沉闷而连续，说明轴承松散，可拆下传动轴挂挡运转，验证响声是否出自中间轴承。若响声是连续的“呜呜”声，应检查中间轴承支架橡胶垫圈、紧固螺钉是否过紧或过松而使轴承位置偏斜，可旋松轴承盖螺栓，若响声消失，表明中间轴承安装偏斜。若仍有响声，则应检查轴承的润滑情况。如果响声杂乱，时而出现不规则的撞击声，则应检查传动轴万向节叉的等速排列情况。

c. 高速时传动轴有异响，脱挡滑行也不消失，则应检查中间轴承座圈表面是否有损伤以及支架的安装情况。

异响故障诊断如图 3-15 所示。

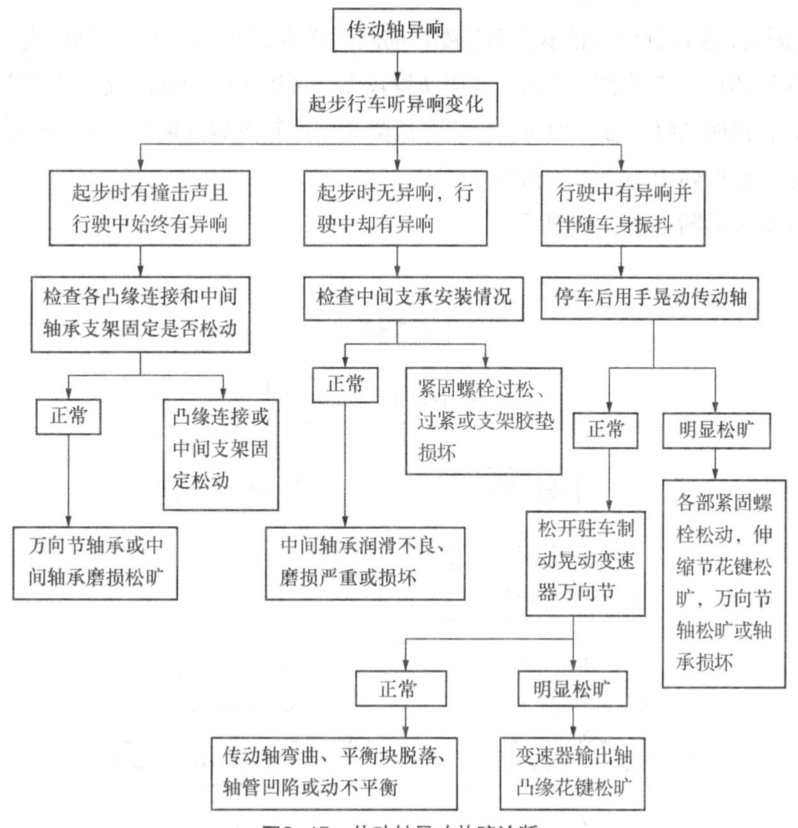

图3-15 传动轴异响故障诊断

2. 传动轴振抖

（1）故障现象。车速超过中速出现异响，车速越高响声越大，达一定速度时车速振抖，车门、转向盘等强烈振响。若此时空挡滑行，振动更强烈，降到中速时振抖消失，但传动轴异响仍然存在。

（2）故障原因。

① 传动轴弯曲、平衡块脱落或轴管凹陷破坏了动平衡。

② 传动轴凸缘和轴管焊接时歪斜。

③ 中间轴承支架垫圈磨损松旷。

④ 万向节十字轴回转中心与传动轴同轴度误差过大。

⑤ 传动轴万向节滑动叉花键配合松旷，变速器输出轴上的花键与凸缘花键槽磨损过度。

（3）故障诊断。

① 周期性异响，车速越快响声越大，应检查传动轴是否弯曲、平衡块有无脱落，传动轴套管是否凹陷，万向节滑动叉花键配合是否松旷。可检查传动轴游隙或用手晃动传动轴，若有晃动感则可确诊花键齿或各部螺栓松动、万向节轴及滚针磨损松旷。

② 举起汽车或支起驱动桥，挂入高速挡，查看传动轴摆振情况。如果抬起加速踏板车速突然下降时摆振增大，则为凸缘和轴管焊接歪斜或传动轴弯曲所致，可拆下传动轴，应检查是传动轴弯曲、轴管凹陷，还是凸缘和轴管焊接处歪斜。

③ 若连续振响，应检查中间轴承支架垫圈径向间隙是否过大。松开中间轴承支架螺栓，发动机怠速运转，挂入低速挡，查看摆动情况。若摆动量较大，可拆下中间轴检查。若不弯曲又没有摆动量或摆动量不大，说明凸缘与轴管焊接良好，其故障为中间轴支架孔偏斜。若中间轴承无故障，则应检查万向节十字轴回转中心与传动轴的同轴度。

传动轴振动故障诊断如图 3-16 所示。

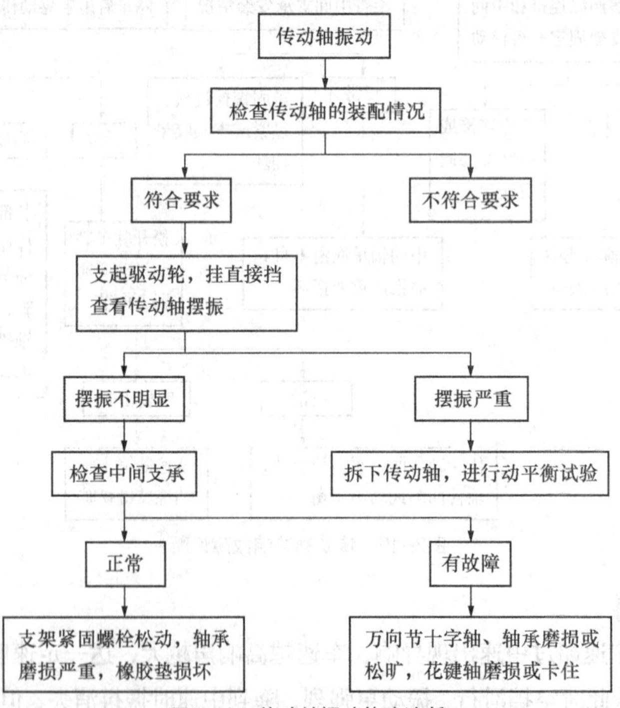

图3-16 传动轴振动故障诊断

3.1.4 驱动桥故障诊断与排除

驱动桥的常见故障有异响、发热、漏油等，其中异响与车辆的行驶状态关系很大。

1. 异响故障

（1）故障现象。

① 主减速器齿轮响。汽车起步时，有“刚、刚”的声响；行进中突然抬油门，或“脱挡”滑行时，能听到“刚当”的撞击声；汽车在加速或减速时，主减速器处出现连续的“嗯、嗯”声，同时驱动桥有发热现象；车辆行驶时，驱动桥发出间断的“哽、哽”声，且随车速提高而增大。

② 差速器响。汽车直线行驶或空挡滑行时，响声较轻或无响声，而挂挡转弯时响声严重，转弯越急响声越大；汽车直线行驶且速度较慢时，有“嗞嗞”的齿面摩擦声音；转弯时，出现“嗯”的响声，车速越快，响声越大；有时有“咯叭、咯叭”的响声或“啃、啃”的金属撞击声。

③ 半轴和半轴套管响。半轴或套管弯曲，两者相互碰撞，轻微时出现“呲哽、呲哽”的碰擦声，严重时产生“咕隆”的撞击声；花键磨损与半轴齿轮配合间隙过大，将出现“咯啃”的碰撞声；半轴花键损坏，会出现“咔、咔”的响声，甚至无法传递动力。

④ 轴承响。轴承响是一种杂乱而连续的响声。汽车行驶时，驱动桥发出一种连续的“喀啦、喀啦”的响声，车速越快，响声越大；车辆行驶中发出“嗯、嗯”的响声或发出一种连续“咕咚、咕咚”响声，车速越快，响声越大。

（2）故障原因。

① 主减速器齿轮响。啮合间隙太大，主、从动齿轮磨损或调整不当；主、从动齿轮轴承磨损而松旷；主动齿轮轴紧固螺母松动或调整不当；双级减速器圆柱主、从动齿轮磨损严重；从动齿轮铆钉或螺栓松动；圆柱从动齿轮固定螺栓松动（汽车起步时，有“刚、刚”的声响；行进中突然抬油门或“脱挡”滑行时，能听到“刚当”的撞击声）。

啮合间隙过小，主、从动齿轮装配间隙过小；啮合间隙不均匀；润滑油不足、变质、润滑不良（汽车在加速或减速时，主减速器处出现连续的“嗯、嗯”声，同时驱动桥有发热现象）。

② 差速器响。齿轮啮合间隙小；行星齿轮在十字轴上运动时阻滞甚至卡住， 行星齿轮与半轴齿轮不配套（如单独更换齿轮）

③ 半轴和半轴套管响。半轴弯曲、扭曲、折断；差速锁止装置使用不当而打坏半轴齿轮或造成半轴花键损坏；半轴花键磨损松旷等。

（3）故障诊断。驱动桥异响故障的诊断如图 3-17 所示。

2. 驱动桥过热

（1）故障现象。车辆行驶一段路程后，用手触摸驱动桥，若感到烫手（不能忍受），则为过热。

（2）故障原因。轴承装配过紧；齿轮啮合间隙过小；齿轮过度磨损；缺少润滑油或使用的润滑油牌号与要求不符。

（3）故障诊断。驱动桥过热故障诊断如图 3-18 所示。

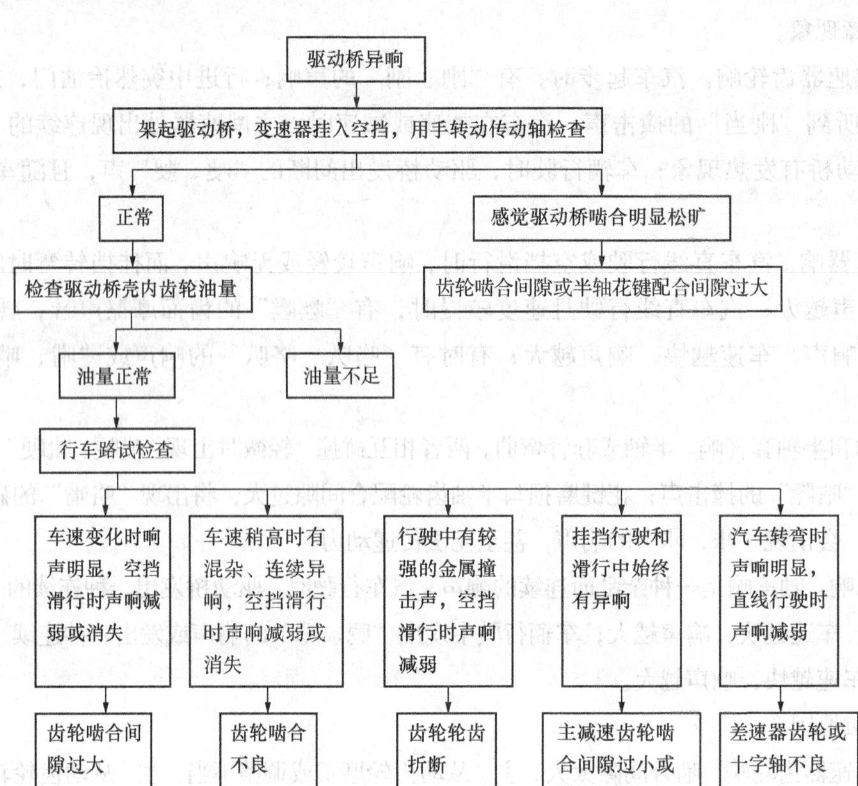

图3-17 驱动桥异响故障的诊断

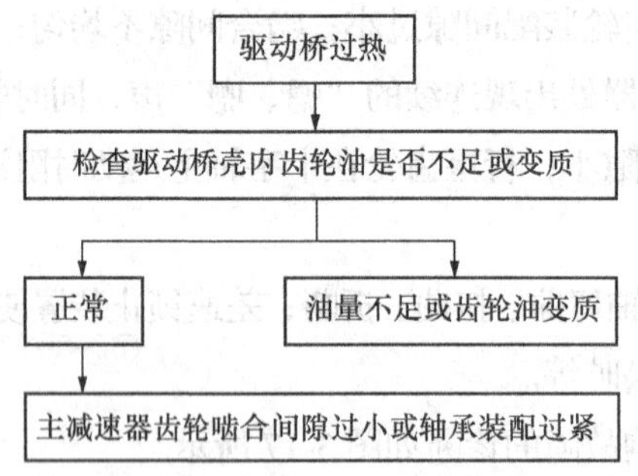

图3-18 驱动桥过热故障诊断

3. 驱动桥漏油故障

（1）故障现象。齿轮油封或衬垫向外渗漏。

（2）故障原因。油封磨损或装配不当；轴承轴颈磨损严重而出现凹槽；衬垫损坏或螺栓松动导致结合面不严密；齿轮油油量过多，通气塞堵塞，放油螺塞松动；壳体有裂缝。

（3）故障诊断。驱动桥漏油故障诊断如图 3-19 所示。

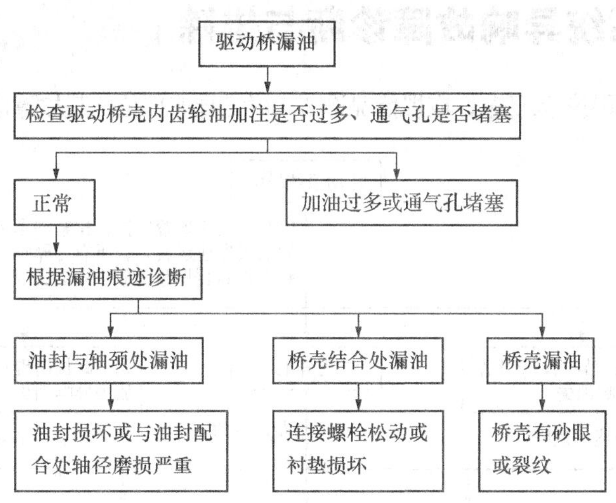

图 3-19 驱动桥漏油故障诊断

故障实例

故障一

1. 故障现象

一辆本田雅阁轿车在起步、变速过程中放松离合器踏板时，传动轴会出现一种明显、清脆的金属敲击声，像用铁锤敲击传动轴轴管所发出的响声。汽车以高速挡低速行驶时，其响声连续而有节奏。

2. 故障诊断与排除

当汽车出现上述响声时，用三角木块塞住汽车后轮。将变速器操纵杆置于空挡位置，并放松驻车制动器操纵杆，再用双手左右沿圆周方向转动主动或从动凸缘叉，结果发现十字轴及其轴承磨损严重。更换十字轴及其轴承，故障消失。

经分析，该故障原因是万向节轴承松旷，即万向节轴承间隙太大，一旦放松离合器踏板，主、从动件接触时就会发生撞击，因此会出现金属敲击声。汽车在高速挡低速行驶时，因发动机运转不均匀，传动轴会发生抖动，所以此时又会出现连续而有节奏的响声。

故障二

1. 故障现象

一辆日本丰田皇冠 2.0 轿车在中、高速行驶时出现车身及转向盘强烈振抖，空挡滑行时振抖更为强烈。

2. 故障诊断与排除

将汽车后轮架起，起动发动机，挂上高速挡。结果后驱动轮旋转基本稳定。检查传动轴，发现随着转速的提高而出现摆振，且当车速突然下降时，摆振更加明显。这说明传动轴运转不平衡是故障的真正原因。

重新装配传动轴，故障消失。

3.1.5 传动系统异响故障诊断与排除

传动系统异响故障原因较为复杂，应视情况诊断，确定异响部位，其故障诊断流程如图 3-20 所示。

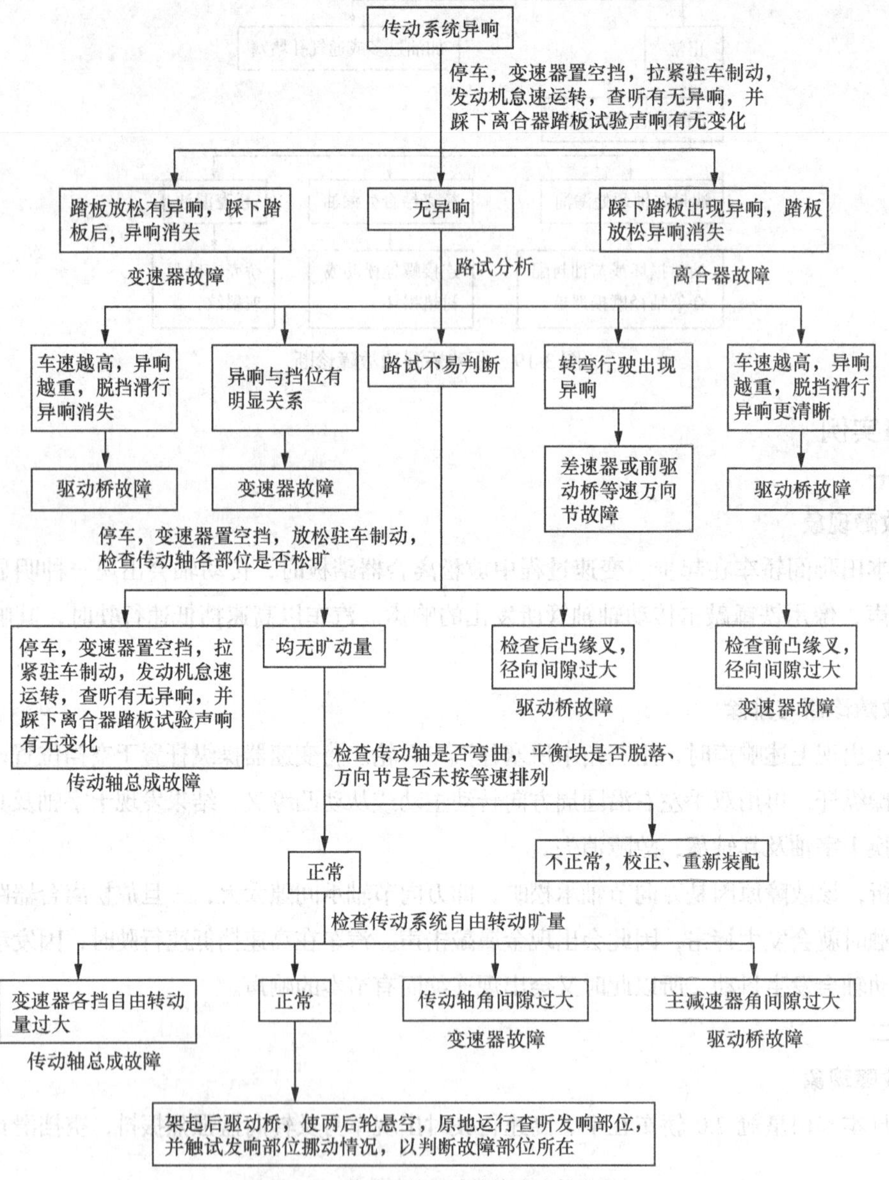

图3-20 传动系统异响的故障诊断流程

3.1.6 自动变速器故障诊断与排除

自动变速器的常见故障主要为汽车不能行驶、加速无力、换挡冲击过大、不能升挡、无超速挡、无倒挡、挂挡后发动机易熄火、锁止离合器不能锁止及自动变速器油易变质等。

导致自动变速器故障的原因很多，情况也比较复杂，可能是调整不当或电控系统故障，也可能是油泵、变矩器、控制阀、换挡执行元件等有故障。因此在诊断过程中，应先对电控系统进行检测，然后对有关部位进行相应调整，最后再进行分解检修，切忌盲目拆卸。

自动变速器常见故障部位和故障原因见表3-1。

表3-1　　自动变速器常见故障部位和故障原因

<table>
<tr><th>序号</th><th colspan="2">故障部位</th><th>主要故障原因</th><th>故障现象及危害</th></tr>
<tr><td rowspan="2">1</td><td rowspan="2">液力变矩器</td><td>单向离合器</td><td>失效</td><td>传递动力下降，起步困难</td></tr>
<tr><td>锁止离合器</td><td>打滑或烧结</td><td>汽车油耗增加或怠速时踩下制动踏板熄火</td></tr>
<tr><td>2</td><td colspan="2">齿轮变速器</td><td>磨损、润滑不良</td><td>过热、异响</td></tr>
<tr><td rowspan="4">3</td><td rowspan="4">液压控制系统</td><td>油泵</td><td>磨损间隙过大、密封圈失效</td><td>供油不足、压力降低</td></tr>
<tr><td>阀体</td><td>磨损、卡滞、弹簧弹力下降、球阀丢失或错位、密封不良</td><td>打滑，缺挡或无挡，换挡冲击</td></tr>
<tr><td>离合器</td><td>从动盘磨损、烧损，钢片烧损，活塞密封圈损坏、单向阀失效，间隙不当等</td><td>打滑，不能分离，缺挡或无挡，换挡冲击，换挡困难</td></tr>
<tr><td>制动器或制动带</td><td>从动盘或带磨损、烧损，钢片烧损，活塞密封圈损坏，间隙不当等</td><td>打滑，不能分离，缺挡或无挡，换挡冲击，换挡困难</td></tr>
<tr><td rowspan="4">4</td><td rowspan="4">电子控制系统</td><td>控制单元</td><td>损坏</td><td>缺挡或无挡，油压不正常，换挡规律失常、动力性和经济性下降</td></tr>
<tr><td>传感器</td><td>损坏</td><td>无参数信号或信号失常</td></tr>
<tr><td>电磁阀</td><td>损坏</td><td>缺挡或无挡，油压不正常，锁止离合器工作不正常</td></tr>
<tr><td>各种控制开关</td><td>损坏</td><td>变速器不能正常工作，动力性、经济性下降</td></tr>
</table>

1. 自动变速器故障的一般诊断程序

自动变速器故障诊断与检测程序:初步检查→故障码检查→手动换挡试验→机械系统试验→液压系统试验→电控系统试验→查对常见故障及原因→排除方法。

① 根据故障现象，判断故障类型。

② 读取故障代码，排除故障代码所指的故障。

③ 进行自动变速器和发动机的常规检查，主要项目有检查变速器油的液面高度和品质；检查并调整加速踏板拉线及节气门位置传感器；检查选挡手柄连接杆系及挡位开关；检查并调整发动机怠速；检查其他与自动变速器工作有关的零部件；检查电控系统各连接线的接触情况。

④ 进行失速试验，检查发动机、变矩器、自动变速器内部机械技术状况。

⑤ 手动换挡试验，确定故障是在电控部分还是在自动变速器内部。

⑥ 做时滞试验，检查自动变速器内部离合器、制动器的磨损情况。

⑦ 油压测试，检查油泵、调压器和油路压力。

⑧ 进行道路试验，检查自动换挡点、异响、振动、打滑及发动机制动情况。

⑨ 综合各种试验结果，分析、判断故障原因、部位。

（1）汽车不能行驶。

① 故障现象。无论操纵手柄位于倒挡、前进挡或前进低挡，汽车都不能行驶；冷车起动后汽车能行驶一小段路程，但热车状态下起动汽车不能行驶。

② 故障实质。总的原因为换挡控制系统不工作，起步力矩过小或液压系统有故障。

③ 原因。换挡操纵手柄及手动阀摇臂之间的连杆或拉锁松脱，使手动滑阀保持在空挡或停车位置；自动变速器油底壳被撞坏，自动变速器漏油使液面过低；油泵进油滤网堵塞或油泵损坏；主油路严重损坏。

④ 故障诊断与排除。

a. 检查自动变速器内有无液压油。其方法是拔出自动变速器的油尺，观察油尺上有无液压油。若油尺上没有液压油，说明自动变速器内的液压油已漏光。对此，应检查油底壳、液压油散热器、油管等处有无破损导致漏油。如有严重漏油处，应修复后重新加油。

b. 检查自动变速器操纵手柄与手动阀摇臂之间的连杆或拉索有无松脱。如有松脱，应予以装复，并重新调整好操纵手柄的位置。

c. 拆下主油路测压孔上的螺塞，起动发动机，将操纵手柄拨至前进挡或倒挡位置，检查测压孔内有无液压油流出。

d. 若主油路测压孔内无液压油流出，应打开油底壳，检查手动阀摇臂轴与摇臂间有无松脱，手动阀阀芯有无折断或脱钩。若手动阀工作正常，则说明油泵损坏。对此，应拆卸分解自变速器，更换油泵。

e. 若主油路测压孔内只有少量液压油流出，油压很低，应打开油底壳，检查油泵进油滤网是否堵塞。如无堵塞，说明油泵损坏或主油路严重泄漏，拆卸分解自动变速器，进行检修。

f. 若冷车起动时主油路有一定的油压，但热车后油压即明显下降，说明油泵磨损过度。

g. 若测压孔内有大量液压油喷出，说明主油路油压正常，故障出在自动变速器中的输入轴、行星排或输出轴。

诊断框图如图 3-21 所示。

（2）自动变速器换挡冲击过大

① 故障现象。汽车起步时，由停车挡或空挡挂入倒挡或前进挡时振动较为严重；行驶中，在自动变速器升挡的瞬间汽车有较明显的“闯”动。

② 故障实质。换挡执行机构动作过早或接合力过大所致。

③ 原因。

a. 发动机怠速过高。

b. 节气门拉索或节气门位置传感器调整不当，或主油路调压电磁阀有故障，使主油路压力过大，液压系统工作不良。

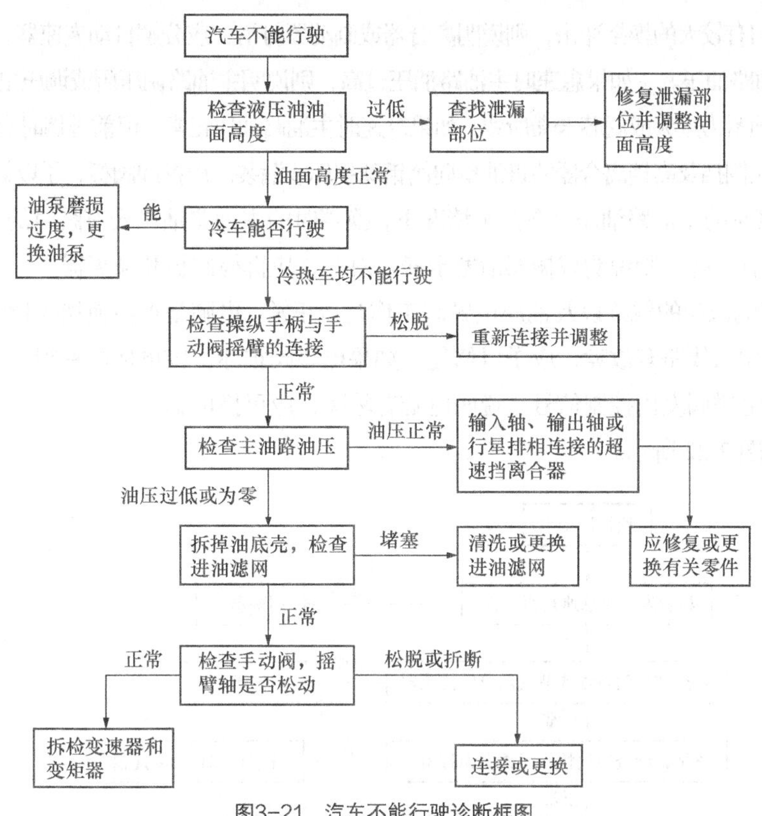

图3-21 汽车不能行驶诊断框图

c. 单向节流阀漏装、蓄压器活塞卡滞，不能起减振缓冲作用。

d. 蓄压器调压阀、各相关调压阀有故障。

e. 主油路油压电磁阀、蓄压器油压电磁阀等油压电磁阀或线路有故障。

f. 节气门拉索调整不当、真空式节气门阀的真空膜片、软管破裂或松脱。

g. 油路泄漏，换挡执行元件打滑。

h. 节气门位置传感器、车速传感器或线路有故障。

i. 锁止阀或锁止电磁阀有故障（如锁止时换挡冲击过大）

j. 控制单元及线路有故障或汽车其他部位（如传动系统）有故障。

④ 故障诊断与排除。由于引起换挡冲击的原因较多，因此，在诊断故障的过程中，必须循序渐进，对自动变速器的各个部分做认真的检查。一定要在全面检测的基础上，有针对性地进行分解修理，切不可盲目地拆修。若是由于调整不当造成的，只要稍作调整即可排除；若是自动变速器内部控制阀、减振器或换挡执行元件有故障，应分解自动变速器，予以修理。若是电子控制系统有故障，应对电子控制系统进行检测，找出具体原因，加以排除。具体检查诊断与排除步骤如下。

a. 检查发动机怠速。装用自动变速器的汽车的发动机怠速一般为750 r/min左右。若怠速过高，应按标准予以调整。

b. 检查节气门位置传感器的调整情况。如不符合标准，应重新予以调整。

c. 做道路试验。如升挡过迟，则说明故障是升挡过迟所致。如果在升挡之前发动机转速异常升高，导致在升挡的瞬间有较大的换挡冲击，则说明离合器或制动器打滑，应分解自动变速器，予以修理。

d. 检测主油路油压。 如果怠速时主油路油压过高，则说明主油路调压阀或调压电磁阀有故障，可能是调压弹簧的预紧力过大或阀芯卡滞所致；如果怠速时主油路油压正常，但前进挡时有较大的冲击，则说明前进离合器或倒挡及高挡离合器的进油单向阀钢球损坏或漏装。应拆卸阀板，予以修理。

e. 检测换挡时的主油路油压。在正常情况下，换挡时的主油路油压会有瞬时的下降。如果换挡时主油路油压没有下降，则说明减振器活塞卡滞。对此，应拆检阀板和减振器。

f. 检查油压电磁阀的线路以及油压电磁阀工作是否正常、电脑是否在换挡的瞬间向油压电磁阀发出控制信号。如果线路有故障，应予以修复；如果电磁阀损坏，应更换电磁阀；如果电脑在换挡瞬间没有向油压电磁阀发出控制信号，说明电脑有故障，应更换电脑。

诊断框图如图 3-22 所示。

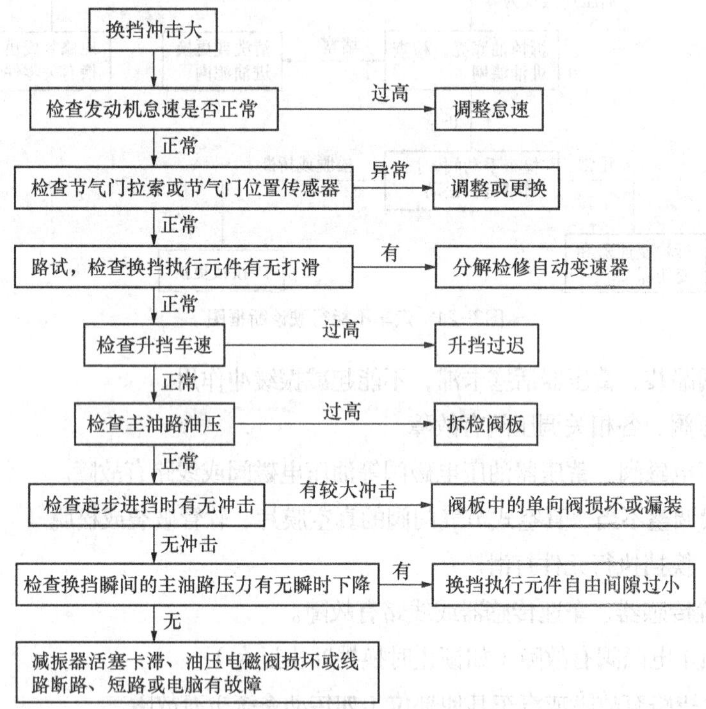

图3-22 自动变速器换挡冲击大诊断框图

（3）自动变速器打滑。

① 故障现象。

起步时踩下油门踏板，发动机转速很快升高但车速升高很慢；行驶中踩下油门踏板加速时，发动机转速升高但车速没有很快提高；平路行驶基本正常，但上坡无力，且发动机转速很高。

② 故障原因。自动变速器漏油使液面太低；自动变速器油面太高，运转中被行星齿轮机构剧烈搅动后产生大量气泡；离合器、制动器摩擦片、制动带磨损过甚或烧焦；油泵磨损过甚或主油路泄露，造成供油压力过低；单向离合器打滑；离合器或制动器活塞密封圈损坏，导致漏油。

③ 故障诊断与排除。打滑是自动变速器中最常见的故障之一。虽然自动变速器打滑往往都伴有

离合器或制动器摩擦片严重磨损甚至烧焦等现象，但如果只是简单地更换磨损的摩擦片而没有找出打滑的真正原因，则会使维修后的自动变速器使用一段时间后又出现打滑现象。因此，对于出现打滑的自动变速器，不要急于拆卸分解，应先做各种检查测试，以找出造成打滑的真正原因。

a. 对于出现打滑现象的自动变速器，应先检查其液压油的油面高度。若油面过高或过低，应先调整至正常后再做检查。若油面调整正常后自动变速器不再打滑，可不必拆修自动变速器。

b. 检查液压油的品质。若液压油呈棕黑色或有烧焦味，说明离合器或制动器的摩擦片或制动带有烧焦，应拆修自动变速器。

c. 做路试，以确定自动变速器是否打滑，并检查出现打滑的挡位和打滑的程度。汽车正常行驶，将操纵手柄换入不同的挡位。若自动变速器升至某一挡位时发动机转速突然升高，但车速没有相应地提高，即说明该挡位有打滑。打滑时发动机的转速愈容易升高，说明打滑愈严重。

根据出现打滑的规律，还可以判断产生打滑的是哪一个换挡执行元件。

如自动变速器在所有前进挡都出现打滑现象，则为前进离合器打滑。

如自动变速器在操纵手柄位于D位时的1挡有打滑，而在操纵手柄位于L位或1位时的1挡不打滑，则为前进单向超越离合器打滑，若不论操纵手柄位于D位、L位或1位时，1挡都有打滑现象，则为低挡及倒挡制动器打滑。

如自动变速器只有操纵手柄位于D位时的2挡打滑，位于S位或2位时的2挡不打滑，则为2挡单向超越高合器打滑。若不论操纵手柄位于D位、S位或2位时，2挡都有打滑现象，则为2挡制动器打滑。

如自动变速器只在3挡有打滑现象，则为倒挡及高挡离合器打滑。

如自动变速器只在超速挡有打滑现象，则为超速制动器打滑。

如自动变速器在高挡和倒挡时都有打滑现象，则为倒挡及高挡离合器打滑。

如自动变速器在1挡和倒挡时都有打滑现象，则为倒挡及低挡制动器打滑。

根据上述现象检查分解自动变速器，更换相应的零件。诊断框图如图3-23所示。

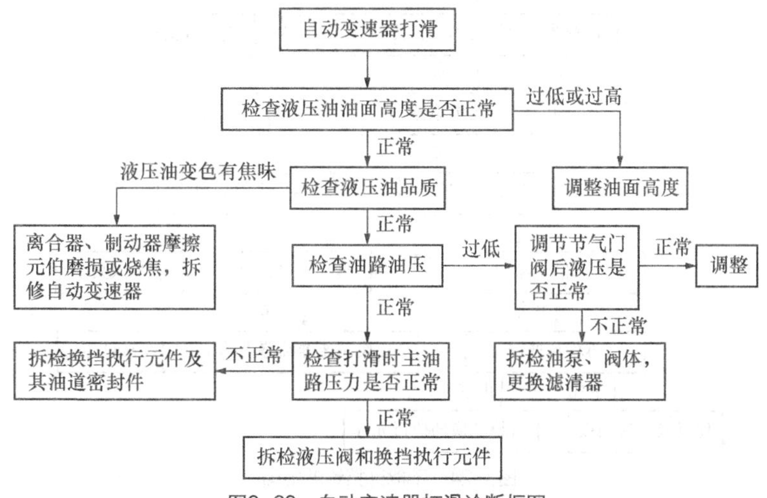

图3-23 自动变速器打滑诊断框图

（4）不能升挡。

① 故障现象。汽车行驶中自动变速器始终保持在1挡，不能升入2挡或高速挡；行驶中自动变速器可以升入2挡，但不能升入3挡和高速挡。

② 故障原因。节气门拉索调整不当；节气门位置传感器、车速传感器或线路有故障；调速阀故障或其油路严重泄漏；车速传感器有故障；换挡电磁阀或线路有故障；2挡或高挡制动器、离合器及其油路有故障；换挡阀卡滞；强制降挡开关、制动开关、挡位开关、控制单元或线路有故障；ECU或线路故障。

③ 故障诊断与排除。故障诊断时，应根据具体故障现象（如1—2挡、2—3挡、3—4挡、所有挡位均不能升挡），查找相关的故障原因，检修相关故障部位。

a. 对电控自动变速器，应先取码，按提不检修相关的传感器（车速和节气门位置）、挡位开关、换挡电磁阀、ECU及线路等。

b. 按规定重新调整节气门拉索。

c. 测量调速阀油压。若车速升高后调速阀阀压仍为零或很低，则为调速阀有故障或调速阀的油路严重泄漏，应拆解调速阀。调速阀如有卡滞，应分解清洗，并将阀芯和阀孔用金相砂纸抛光；若清洗抛光后仍有卡滞，应更换调速阀。用压缩空气检查调速阀油路有无泄漏，如有泄漏，应更换密封圈和密封油环。

d. 如调速阀油压正常，应拆卸阀体，检查各换挡阀。如有卡滞，应用金相纸抛光装复；如不能修复，应更换阀体。

e. 如电控系统和阀体无故障，应分解自动变速器，检查相关换挡元件有无打滑；用压缩空气检查各离合器制动器油路或活塞有无泄漏，视情况修复或更换。

诊断框图如图3-24所示。

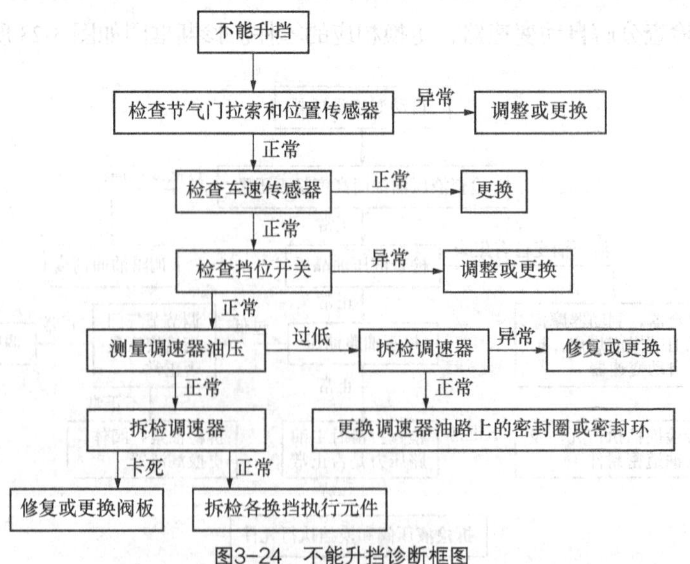

图3-24 不能升挡诊断框图

（5）升挡过迟故障。

① 故障现象。在汽车行驶中，升挡车速明显高于标准值，升挡前发动机转速偏高；必须采用松油门提前升挡的操纵方法，才能使自动变速器升入高挡或超速挡。

② 故障原因。油平面过低或主油道严重泄漏；液力变矩器导轮单向离合器严重打滑；节气门位置传感器、发动机转速传感器、车速传感器等有故障，微机有故障；自动变速器的功能恶化，内部执行机构强制降挡开关短路。

③ 故障诊断与排除。

a. 先进行故障自诊断，若有故障代码，则按所显示的故障代码查找故障原因。

b. 检查节气门位置传感器的调整情况。

c. 测量节气门位置传感器的电阻。

d. 检查车速传感器。

e. 检查强制降挡开关。

f. 检查电脑。

以上部件如不符合标准或损坏应调整或更换。诊断框图如图 3-25 所示。

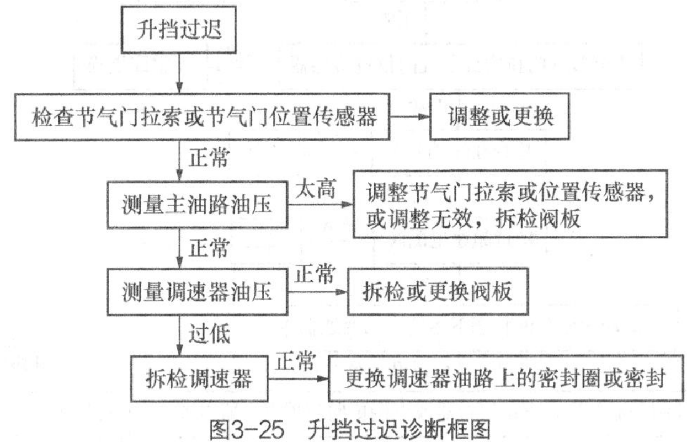

图3-25 升挡过迟诊断框图

（6）无超速挡故障。

① 故障现象。汽车行驶中，车速已升高至超速挡工作范围，但自动变速器不能从 3 挡换入超速挡；在车速已达到超速挡工作范围后，采用提前升挡（即松开油门踏板几秒后再踩下）的方法也不能使自动变速器升入超速挡。

② 故障原因。超速挡开关有故障；超速电磁阀故障；超速制动器打滑；超速行星排上的直接离合器或直接单向超越离合器卡死；挡位开关有故障；液压油温度传感器有故障；节气门位置传感器有故障；3—4 挡换挡阀卡滞。

③ 故障诊断与排除。

a. 若故障指示灯亮，应首先进行仪器检测或人工读取故障码，按提示查找故障部位，并检修或更换相关电子元件。故障部位可能在水温传感器、油温传感器、车速和节气门位置传感器、O/D 开关、挡位开关、制动开关或控制单元及其相关线路。

b. 用举升机将汽车举起或悬空驱动轮，运转发动机，让自动变速器在前进挡运行，检查在空载状态下自动变速器的升挡情况。如果在无负荷状态下仍不能升入超速挡，说明液压控制系统有故障，可能是超速挡（3、4 挡）换挡阀卡滞。如果在空载状态下能够升入超速挡，且升挡车速正常，说明液压控制系统工作正常，不能升挡的原因为超速执行元件打滑。如果能够升入超速挡，但升挡后车速不能提高、发动机转速下降，说明超速离合器或超速单向离合器卡滞，应检修自动变速器。

c. 拆卸并分解阀体，检查 3、4 挡换挡阀，若不能修复，则更换阀体。

d. 拆检变速器，检查超速挡单向离合器是否失效，超速离合器、制动器是否磨损过度，其活塞及油道密封圈有无破损漏油，视情况维修或更换。

诊断框图如图 3-26 所示。

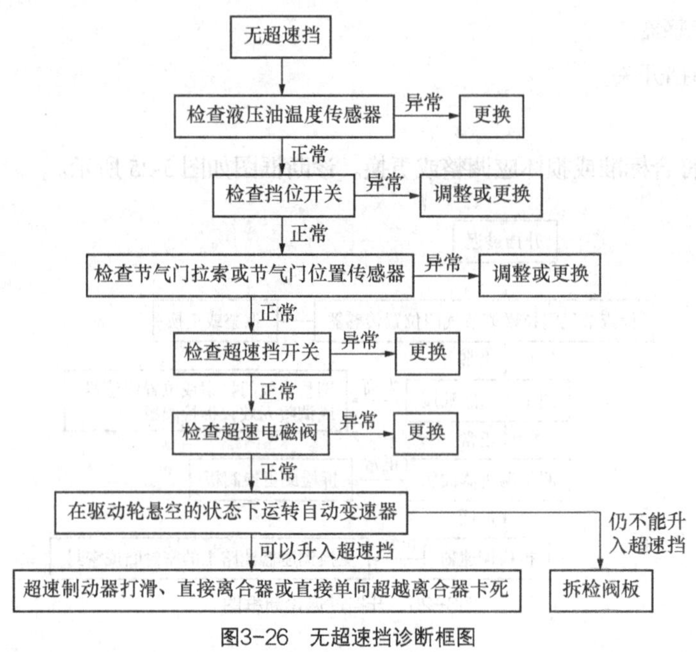

图3-26 无超速挡诊断框图

（7）无前进挡故障。

① 故障现象。汽车倒挡行驶正常，在前进挡时不能行驶；操纵手柄在 D 位时不能起步，在 S 位、L 位（或 2 位、1 位）时可以起步。

② 故障原因。前进离合器严重打滑；前进单向超越离合器打滑或装反；前进离合器油路严重泄漏；操纵手柄调整不当。

③ 故障诊断与排除。

a. 检查操纵手柄的调整情况，如有异常，应按规定程序重新调整。

b. 测量前进挡主油路油压，若油压过低，说明主油路严重泄漏，应拆检自动变速器，更换前进挡油路上各处的密封圈和密封环。

c. 若前进挡的主油路油压正常，应拆检前进离合器。如摩擦片表面粉末冶金烧焦或磨损过度，应更换摩擦片。

d. 若主油路油压和前进离合器均正常，则应拆检前进单向超越离合器，检查前进单向离合器的安装方向是否正确以及有无打滑。如有装反，应重新安装；如有打滑，应更换新件。

（8）无倒挡故障。

① 故障现象。汽车在前进挡能正常行驶，但在倒挡时不能行驶。

② 故障原因。操纵手柄调整不当；倒挡油路泄漏；倒挡及高挡离合器或低挡及倒挡制动器打滑。

③ 故障诊断与排除。

a. 检查油质，若变黑，可能是倒挡离合器和制动器烧损。

b. 检查选挡杆与手控制阀的连接情况，松动或位置不当应重新调整。

c. 检查“R”位时的油压，油压过低应检查倒挡油道的密封情况。

d. 拆检变速器，检查倒挡离合器、制动器是否烧损或磨损过度，其活塞及油道是否漏油，并更换损坏的摩擦片、压盘或密封圈。

（9）跳挡故障。

① 故障现象。汽车以前进挡行驶时，即使油门踏板保持不动，自动变速器仍经常出现突然降挡现象；降挡后发动机转速异常升高，并产生换挡冲击。

② 故障原因。节气门位置传感器有故障；车速传感器有故障；控制系统电路接地不良；换挡电磁阀接触不良；电脑有故障。

③ 故障诊断与排除。

a. 先进行故障自诊断，如有故障代码，则按所显示的故障代码查找故障原因。

b. 测量节气门位置传感器，如有异常，应更换。

c. 测量车速传感器，如有异常，应更换。

d. 检查控制系统电路各条接地线的接地状态，如有接地不良现象，应予以修复。

e. 拆检自动变速器油底壳，检查各个换挡电磁阀线束接头的连接情况。如有松动，应予以修复。

f. 检查控制系统电脑各接线脚的工作电压，如有异常，应予以修复或更换。

g. 换一个新的阀板或电脑试，如果故障消失，说明原阀板或电脑损坏，应更换。

h. 更换控制系统所有线束。

（10）挂挡后发动机怠速易熄火故障。

① 故障现象。发动机怠速运转时将操纵手柄由 P 位或 N 位换入 R 位、D 位、S 位、L 位（或 2 位、1 位）时发动机熄火；在前进挡或倒挡行驶中，踩下制动踏板停车时发动机熄火。

② 故障原因。发动机怠速过低；阀板中的锁止控制阀卡滞；挡位开关有故障；输入轴转速传感器有故障。

③ 故障诊断与排除。

a. 先进行故障自诊断，按所显示的故障代码查找故障原因。

b. 在空挡或停车挡时，检查发动机怠速。正常的发动机怠速应为 750 r/min。若怠速过低，应重新调整。

c. 检查挡位开关的信号，应与操纵手柄的位置相一致，否则应予以调整或更换。

d. 检查输入轴转速传感器，如有损坏应更换。

e. 拆卸阀板，检查锁止控制阀。如有卡滞应清洗抛光后装复。如仍不能排除故障则更换阀板。如油底壳内有大量的摩擦粉末，应彻底分解自动变速器，予以修理。

（11）无发动机制动故障。

① 故障现象。在行驶中，当操纵手柄位于前进低挡（S、L 挡或 2、1 挡）位置时，松开油门踏板，发动机转速降至怠速，但汽车没有明显减速；下坡时，操纵手柄位于前进低挡，但不能产生发动机制动作用。

② 故障原因。挡位开关调整不当；操纵手柄调整不当；2 挡强制制动器打滑或低挡及倒挡制动器打滑；控制发动机制动的电磁阀有故障；阀板有故障；自动变速器打滑；电脑有故障。

③ 故障诊断与排除。

a. 先进行故障自诊断，按所显示的故障代码查找故障原因。

b. 做道路试验，检查加速时自动变速器有无打滑现象。如有打滑，应拆修自动变速器。

c. 如果操纵手柄位于 S 位时没有发动机制动作用，但操纵手柄位于 L 位时有发动机制动作用，则说明 2 挡强制制动器打滑，应拆修自动变速器。

d. 如果操纵手柄位于 L 位时没有发动机制动作用，但位于 S 位时有发动机制动作用，则说明低挡及倒挡制动器打滑，应拆修自动变速器。

e. 检查控制发动机制动作用的电磁阀线路有无短路或断路；电磁阀线圈电阻是否正常；通电后有无工作声音。如有异常，应修复或更换。

f. 拆卸阀板总成，清洗所有控制阀。阀芯如有卡滞可抛光后装复。如抛光后仍有卡滞，应更换阀板。

g. 检测电脑各接脚电压，要特别注意与节气门位置传感器、挡位开关连接的各接脚电压。如有异常，应做进一步检查。

h. 更换新电脑进行测试。如果故障消失，说明原电脑损坏，应更换。

诊断框图如图 3-27 所示。

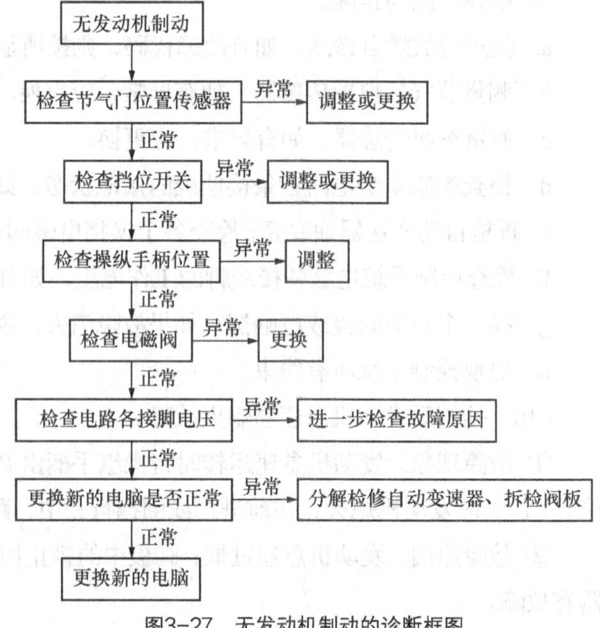

图3-27　无发动机制动的诊断框图

（12）不能强制降挡故障。

① 故障现象。当汽车以 3 挡或超速挡行驶时，突然将油门踏板踩到底，自动变速器不能立即降低一个挡位，致使汽车加速无力。

② 故障原因。节气门位置传感器调整不当；强制降挡开关损坏或安装不当；强制降挡电磁阀损坏或线路短路、断路；阀板中的强制降挡控制阀卡滞。

③ 故障诊断与排除。

a. 检查节气门位置传感器的安装情况，如有异常，应按标准重新调整。

b. 检查强制降挡开关。在油门踏板踩到底时，强制降挡开关的触点应闭合；松开油门踏板时，强制降挡开关的触点应断开。如果油门踏板踩到底时强制降挡开关触点没有闭合，可用手直接按动强制降挡开关。如果按下开关后触点闭合，说明开关安装不当，应重新调整；如按下开关后触点仍不闭合，说明开关损坏，应予以更换。

c. 对照电路图，在自动变速器线束插头处测量强制降挡电磁阀。如有异常，则故障原因是线路短路、断路或电磁阀损坏。对此，应检查线路或更换电磁阀。

d. 打开自动变速器油底壳，拆下强制降挡电磁阀，检查电磁阀的工作情况。如有异常，应予以更换。

e. 拆卸阀板总成，分解、清洗、检查强制降挡控制阀。阀芯如有卡滞，可进行抛光；若无法修复，则应更换阀板总成。

（13）无锁止故障。

① 故障现象。汽车行驶中，车速、挡位已满足锁止离合器起作用的条件，但锁止离合器仍没有产生锁止作用；汽车油耗较大。

② 故障原因。液压油温度传感器有故障；节气门位置传感器有故障；锁止电磁阀有故障或线路短路、断路；锁止控制阀有故障；变矩器中的锁止离合器损坏。

③ 故障诊断排除。

a. 应先进行故障自诊断，检查有无故障码。如有故障代码，则可按显示的故障代码查找相应的故障原因。与锁止控制有关的部件包括液压油温度传感器、节气门位置传感器、锁止电磁阀等。

b. 检查节气门位置传感器。如果在一定节气门开度下的节气门位置传感器输出电压过高或电位计电阻过大，应予以调整。若调整无效，应更换节气门位置传感器。

c. 打开油底壳，拆下液压油温度传感器。检测液压油温度传感器，如不符合标准，应更换液压油温度传感器。

d. 测量锁止电磁阀，如有短路或断路，应检查电路；如电路正常，则应更换电磁阀。

e. 拆下锁止电磁阀，进行检查，如有异常，应予以更换。

f. 拆下阀板，分解并清洗锁止控制阀。如有卡滞，应进行抛光修复；如不能修复，应更换阀板。

g. 若控制系统无故障，则应更换变矩器。

（14）自动变速器异响故障。

① 故障现象。在汽车运转过程中，自动变速器内始终有异常响声；汽车行驶中自动变速器有异响，停车挂空挡后异响消失。

② 故障原因。油泵因磨损过甚或液压油油面高度过低、过高而产生异响；变矩器因锁止离合器、导轮单向超越离合器等损坏而产生异响；行星齿轮机构异响；换挡执行元件异响。

③ 故障诊断与排除。

a. 检查自动变速器液压油油面高度，若太高或太低，应调整至正常高度。

b. 用举升器将汽车升起，起动发动机，在空挡、前进挡、倒挡等状态下检查自动变速器产生异响的部位和时刻。

c. 若在任何挡位下自动变速器中始终有连续的异响，通常为油泵或变矩器异响。应拆检自动变速器，检查油泵有无磨损、变矩器内有无大量摩擦粉末。如有异常，应更换油泵或变矩器。

d. 若自动变速器只有行驶中才有异响，空挡时，无异响，则为行星齿轮机构异响。分解自动变速器，检查行星排中各个零件有无磨损痕迹，齿轮有无裂纹，单向超越离合器有无磨损、卡滞、轴承有无磨损，如有异常，更换相应零件。

（15）液压油易变质故障。

① 故障现象。更换后的液压油使用不久即变质；自动变速器温度太高，从加油口处向外冒烟。

② 故障原因。汽车使用不当，经常超负荷行驶，如经常用于拖车或经常急速、超速行驶等；液压油散热器堵塞；通往液压油散热器的限压阀卡滞；离合器或制动器自由间隙太小；主油路油压太低，离合器或制动器在工作中打滑。

③ 故障诊断。

a. 汽车以中低速行驶 5～10 min，待自动变速器达到正常工作温度后，在发动机运转过程中检查自动变速器液压油散热器的温度。在正常情况下，液压油散热器的温度可达 60℃左右。若液压油散热器的温度过低，说明油管堵塞或通往液压油散热器的限压阀卡滞，液压油得不到及时的冷却，油温过高，导致变质。

b. 若液压油散热器的温度太高，说明离合器或制动器自由间隙太小。对此，应拆卸自动变速器，予以调整。

c. 若液压油温度正常，应测量主油路油压。若油压太低，应检查节气门位置传感器的调整情况。若节气门位置传感器安装正常，应拆卸自动变速器，检查油泵是否磨损过甚、阀板内的主油路调压阀和油压电磁阀有无卡滞、主油路有无漏油处。

d. 若上述检查均正常，则故障可能是汽车经常超负荷行驶所致，或未按规定使用合适牌号的液压油所致，可将液压油全部放出，加入规定牌号和数量的液压油。

故障实例分析

故障一

1. 故障现象

有一捷达都市先锋无最高车速。路试该车车速最高为 140km/h 左右。

2. 故障诊断与排除

（1）用 VAG1551 检测油位正常、各挡显示正常，但显示滑阀箱内电磁阀存在故障检查。

（2）发现此变速箱拆检过，询问车主得知该车由于无高速而解体过自动变速箱，并换过离合器片，过一段时间又出现此问题。

（3）拆检变速箱油底壳发现电磁阀印刷电路薄膜有断路，属人为拆装故障，更换电磁阀印刷电路薄膜线束试车，耸车故障消失，但高速仍达不到要求。

（4）解体变速箱，发现离合器摩擦片烧蚀，更换离合器片试车故障消失。

分析上次修理过程中，由于修理人员拆装不当造成电磁阀印刷电路薄膜断路，使电磁阀调节油压不当。维修人员及驾驶人员又没有及时发现问题，加剧了新离合器摩擦片磨损，最终导致行驶无高速。

故障二

1. 故障现象

司机反映其轿车行驶过程中加油，发动机声音增大，而车速却不见提高。

2. 故障诊断与排除

在检查时，首先开车进行路试，自动变速器1挡升2挡，2挡升3挡正常，当车速达到60～70km/h加速时，发动机转速迅速升高至4 000r/min，而车速却不见明显提高。

在坡路测试，从坡底起步爬坡，感觉自动变速器在1、2挡时发动机转速很高，车速却升高缓慢，感觉自动变速器无力。从现象上分析是自动变速器打滑。

自动变速器打滑的原因有自动变速器电控单元故障；自动变速器油面过低；离合器或制动摩擦片过度磨损或活塞密封圈损坏；油泵磨损；主油路油压泄漏，造成系统油压过低；单向离合器故障。

首先用故障阅读器V.A.G1551读取故障码，系统显示无故障码，这样可排除电控系统存在故障的可能性。再对油面进行检查，该轿车自动变速器油的检查方法与其他车辆不一样，按以下步骤进行。

（1）将车辆停在水平位置，变速器换挡杆放在P挡。

（2）连接故障阅读器V.A.G1551，选择显示屏上显示出自动变速器油温。

（3）起动发动机，当自动变速器油温达到35℃～45℃时，拆下油底壳上用于检查自动变速器油的螺塞，正常情况下应有少许变速油流出，该车无油从溢流口流出，初步确定为缺自动变速器油。

拔下加油壶上的油塞，将充注系统V.A.G1924储油罐固定到车上，往自动变速器内加油。当加注了约1.5L后，变速箱油从溢流口流出，这时拧上检查螺塞，自动变速器油加足。再试车，自动变速器不再打滑，故障排除。

故障三

1. 故障现象

捷达都市先锋，挂D挡行车时，急加速迟缓，且有自动降挡现象。

2. 故障诊断与排除

分析可能的原因有滑阀箱损坏；强制低速挡开关F8损坏；变速箱电脑损坏；某传感器或线路故障。

用1552查询，有一油温传感器G93信号超差偶发故障。查询02—08—005—2区变速器油温为170℃，且着车时无变化，如果油温为150℃以上时，电脑将强制变速器降一挡行驶，因此初步断定此故障为G93损坏引起。用1598及1526B，检测线路，无故障。插上新的带有G93的传输线，02—08—005油温显示11℃正常，进一步断定G93损坏，更换传输线（导电膜片）故障排除。

故障四

1. 故障现象

北京地区一捷达都市先锋在聊城到济南的高速公路上，打电话描述该车的前进挡突然消失，挂上R挡及其他挡位车也不能行驶。

2. 故障诊断与排除

（1）检查14和21号保险丝，正常。

（2）连接VAG1551，输入变速箱地址码02，查询故障存储器，无故障显示。

（3）起动发动机，使轿车置于水平位置，变速杆位于挡位“P”，拆下油底壳，检查自动变速箱油，拧开螺塞，发现有大量的乳白色混合油流出，而且油面过高。

（4）将变速器油滤网拆下，发现滑阀箱有一柱塞及密封盖损坏，导致滑阀箱泻油。

由于变速箱涉水，使箱体内进水，油平面过高，滑阀箱内油压增大，油温过高，致使柱塞及压盖损坏，滑阀箱泻压，车辆无法正常行驶，修整柱塞以及柱塞压盖，装入滑阀箱，故障消失。

故障五

1. 故障现象

一捷达都市先锋是行驶中不能升入高挡，发动机转速很高，但不换挡。

2. 故障诊断与排除

（1）连接VAG1551进行故障诊断，无故障存储。

（2）在试车中进行数据块读取测量，发现车子只能升到2挡，并且在1挡与2挡间来回跳动。

（3）打开发动机舱罩盖，发现变速箱转速传感器G38与车速传感器G68插反，黑色插头G68应插在变速箱外侧。

将两个传感器插头按正确位置装好，试车后，故障消失。

变速箱转速传感器G38监控大太阳轮的转速变化信号，在2挡时大太阳轮被制动，因为两个传感器插反，所以在2挡时，车速传感器G68收不到车速信号，从而又降入1挡，如此反复，车子不能升到3挡。

3.2 行驶系统故障诊断与排除

行驶系统包括车架、车桥和车轮、悬架等。轿车行驶系统的特点是车架、车身为一体的承载式车身居多，悬架一般前为麦弗逊式、后为横向双摆臂式，弹性元件一般为螺旋弹簧，也有油气或空气弹簧，车轮一般为子午线胎、平底轮辋等。另外，轿车行驶系统除有前轮定位参数外，还有后轮定位参数（后轮外倾和后轮前束），统称为“四轮定位”。

3.2.1 行驶系统常见故障现象及原因

行驶系统的常见故障有行驶跑偏、摆振、轮胎异常磨损、轮毂发热及异响等。行驶系统的故障与系统中各组成部分的技术状况有关，也与各组成部分之间的相对位置关系有关，另外还与和行驶系统有关联的其他系统的工作质量有关。

表 3-2 是行驶系统常见故障现象及原因。

表 3-2　　行驶系统的常见故障及原因

类型	故障现象	故障本质	主要原因
行驶跑偏	车辆在直线行驶过程中，需要不断校正方向，如果轻扶转向盘，车辆就会向一侧跑去	两侧车轮在行驶过程中的线速度不等	① 两侧车轮行驶的线速度不等，如轮胎气压不等，轮胎滚动直径、花纹不等，轮毂轴承的预紧度不等，一侧车轮制动器不复位等 ② 四轮定位不准，如车身倾斜、四轮定位参数不准、车桥移位等
摆振	当车速超过一定值后，整个车身出现严重振动	外力对车辆的冲击振动与车辆的自有振动发生共振	① 车轮动不平衡量超标 ② 悬架和转向系统各件之间的连接间隙过大
	当车辆低速行驶，遇到路面凹坑时，整个车身会出现严重振动		① 减振器漏油或失效 ② 车辆转向系统各部间隙过大
轮胎磨损（图 3-28）	胎肩磨损	“桥式磨损”	轮胎长时间气压不足
	正中磨损	接触面积过小	轮胎长时间气压过高
	单侧磨损	有横向滑移	前轮外倾角超差或前束调整不当
	胎面开裂	胎温过高	轮胎充气不足、超速或质量问题
	羽状磨损	侧滑量过大	多为前束调整不当所致
	锯齿状磨损	不规则磨损	长期超载情况下频繁使用制动而未按期换位
	波浪状磨损	轮胎横向、径向跳动量过大	① 车轮旋转质量不平衡 ② 轮毂、轴承等原因使轮胎端面圆跳动过大 ③ 转向、悬架系统松旷
	胎肩碟片状磨损	轮胎横向、经向跳动量大	① 车轮动不平衡量大 ② 轮毂、轴承等原因使车轮径向圆跳动超差 ③ 转向、悬架系统连接松旷等
轮毂发热	车辆行驶一定里程后，轮毂轴承外侧发烫，严重时会出现轴承润滑脂熔化流出	摩擦生热	① 轴承预紧度过大或间隙过小、油封过紧 ② 轮毂轴承外圈走外圆（与承孔配合无过盈量） ③ 使用的润滑脂不符合要求 ④ 车轮制动器拖滞
异响	车辆行驶中，在车轮处发出“咯咯”或飞嚷”声。车辆在转弯或遇到坑洼不平时发出“吭吭”的金属撞击声	摩擦异响、间隙过大产生的金属撞击声	① 轴承疲劳磨损严重 ② 轴承磨损后轴向尺寸减小，使轮毂靠近内侧，制动器发响 ③ 悬架机构中的减振器胶套破损或脱落

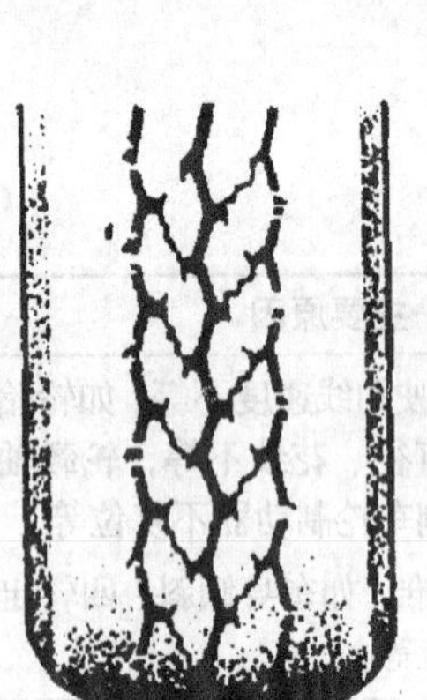
（a）轮胎两胎肩磨损

（b）胎壁磨损

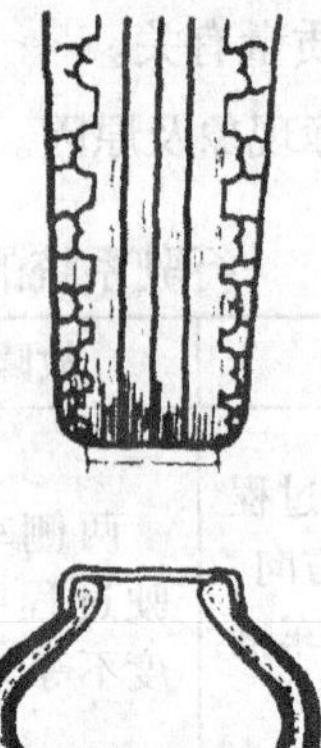
（c）胎压不足

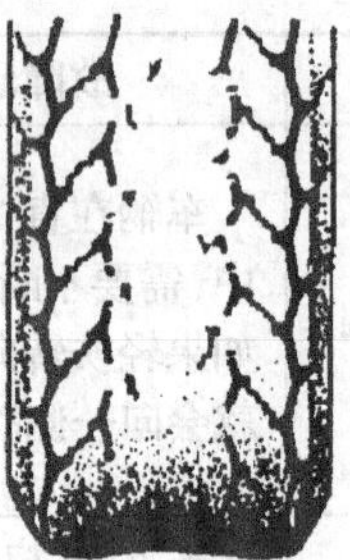
（d）胎冠中部磨损

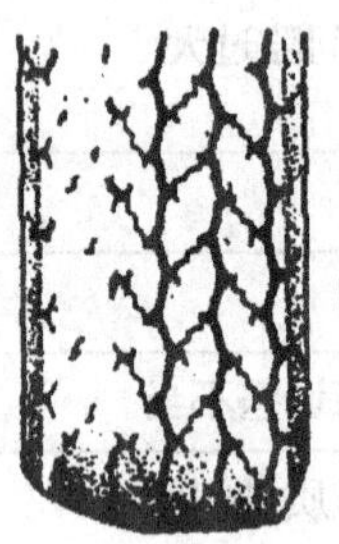

（e）胎冠外侧磨损

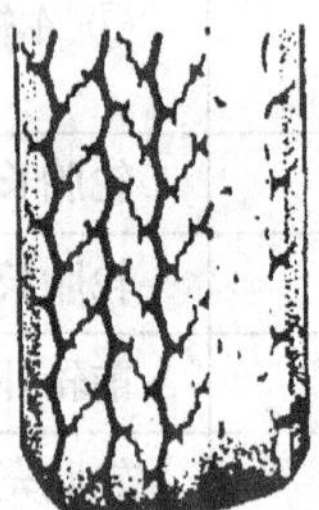
（f）胎冠内侧磨损

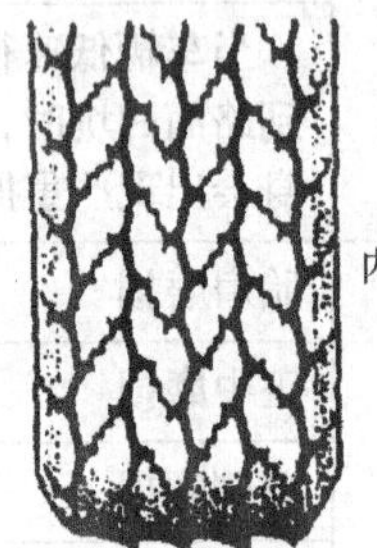

（g）胎冠由外侧向里侧磨损成锯齿形磨损

（h）胎冠由内侧向外侧磨损成锯齿形磨损图

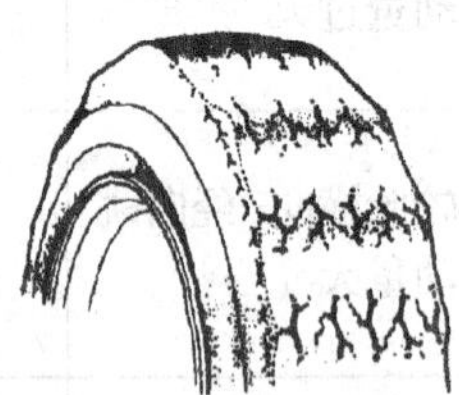
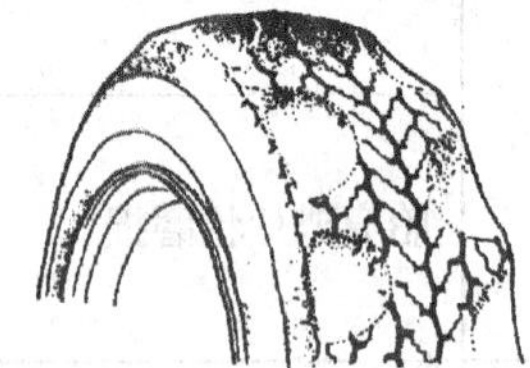
（i）胎冠呈波浪状和叠边状磨损

图 3-28 轮胎异常磨损示意图

3.2.2 行驶系统故障诊断方法与规律

（1）四轮轮毂轴承温度（预紧度）不一，行驶跑偏。

（2）四轮制动鼓或制动盘的温度（有制动拖滞）不一致，行驶跑偏。

（3）四轮的轮胎花纹、气压、滚动半径等技术条件不一致，行驶跑偏。

（4）车身左右倾斜，车辆行驶跑偏。

（5）轮胎磨损应从气压、前轮定位、后轮定位、减振器及轮胎动平衡问题等几个方面查找原因。

（6）车辆低速时摆振，应检查减振器是否漏油、失效，转向传力机构间隙是否过大、前轮定位角度是否失准及轮胎是否装偏或轮辋是否严重变形等。

（7）车辆高速龙摆，应检查轮胎动平衡。

（8）修补后的轮胎，必须进行动平衡试验。

（9）应以车辆行驶里程为依据，定期进行“四轮定位”检测，避免轮胎磨损加剧、高速发摆故障出现。

（10）检查、调整前轮前束时，必须使用专用设备，否则会引起轮胎磨损、行驶跑偏及转向系统故障等。

3.2.3 行驶系统常见故障诊断与排除

1. 行驶跑偏

行驶跑偏的故障现象是车辆在直线行驶过程中，如果轻握转向盘，车辆就会偏离原来的行驶方向。故障实质问题是两侧车轮的旋转线速度不等。具体的故障排查步骤如图 3-29 所示。

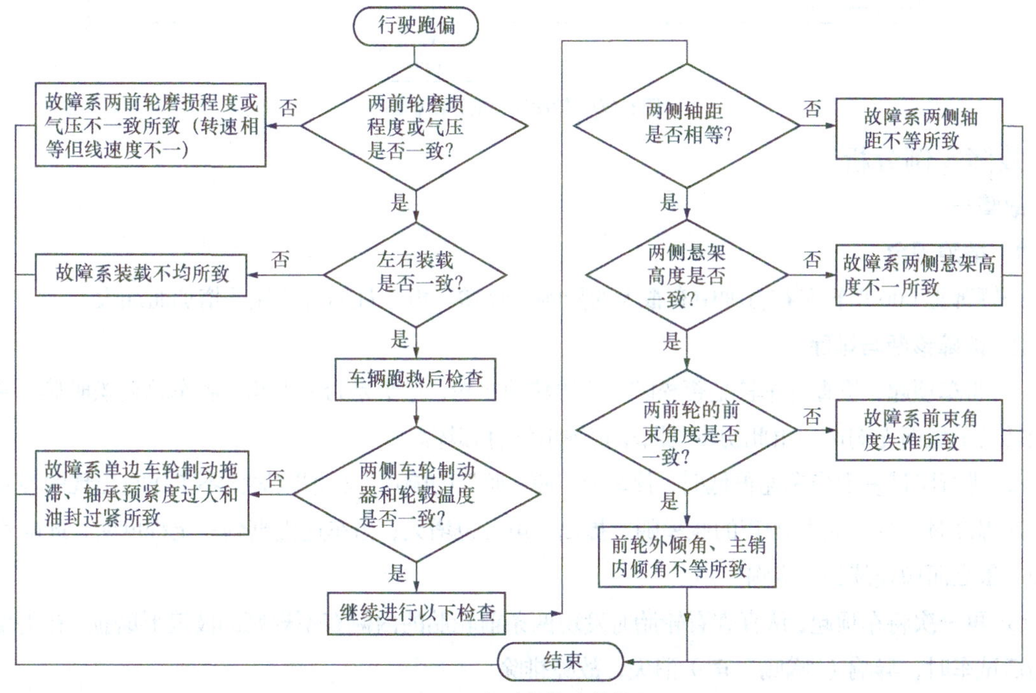

图3-29 行驶跑偏诊断框图

2. 轮胎异常磨损

轮胎异响磨损的种类多种多样，应根据具体磨损情况具体分析。具体的排查步骤如图 3-30 所示。

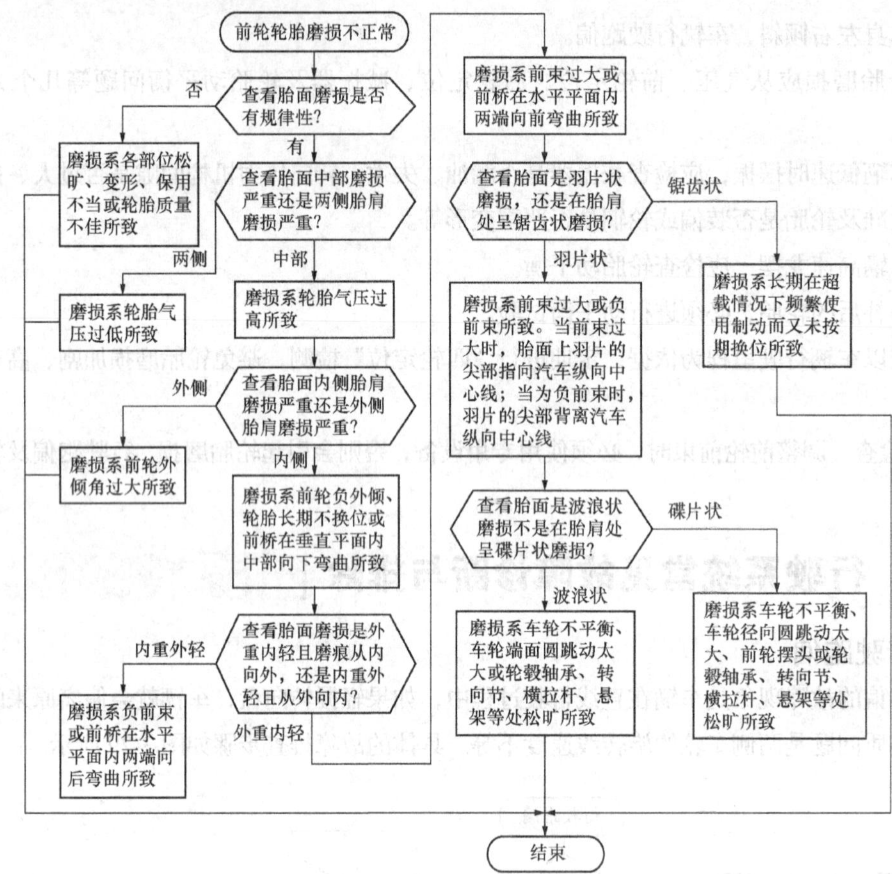

图3-30 轮胎磨损的诊断框图

故障实例分析

故障一

1. 故障现象

一辆奔驰600型轿车在行驶中有很大的异响“嗡嗡”声，且随着车速的增加而加大。

2. 故障诊断与排除

① 将车顶起，检查各车轮是否松旷，并边转动车轮，边听是否有响声。各车轮无松旷感，并且车轮转动平稳而无响声。由此初步判断车轮轴承没有损坏。

② 进行路试发现当车速很低时，该车有“噔、噔”的响声（类似减振器不工作时出现的声音）；当车速提高时，“噔、噔”响声的频率随之提高，声音也增大；当车速提高到一定程度时，此响声由于频率很高而像连续的“嗡嗡”声。

③ 再一次将车顶起，认真查看轮胎时发现两条前轮胎的内侧有不规则的波浪形磨损。在更换两轮胎后试车时，异响（“嗡嗡”声）消失，故障排除。

故障二

1. 故障现象

一辆现代索那塔轿车，起步加速至20km/h时，转向盘开始抖动；车速高于25km/h，恢复正常；

车速增至 80km/h 以上时，转向盘、车身振摆严重，乘车人员明显感到不适；减速行驶至 80km/h 以下，现象消失；车速继续降至 25km/h，仍出现转向盘抖动；再低于 20km/h，抖动现象消失，恢复正常，此车曾多次做过动平衡和四轮定位，都没能解决问题，而且故障越来越严重。

2. 故障诊断与排除

一般说来，转向盘振摆分为两种情况，一种是低速摆动，即汽车在 20km/h 以下，感到转向盘不稳，摆动；另一种是高速振摆，即汽车在高速行驶或在某一较高车速时出现行驶不稳、摆动，甚至转向盘抖动。故障与以上两种情况有所不同，比较少见。

① 进行反复路试后发现，在平坦的路段高速行驶时，汽车左前部上下起伏明显。初步判断左前轮是振摆的发源处。

② 将左前轮卸下，换上备胎进行路试，故障消失，证实了故障出自左前轮。

③ 对左前车轮进行细致的检查，发现轮辋内外侧共 5 块平衡块，总质量约为 340g。其中内侧 3 块共约 190g，外侧 2 块共约 150 g。在平衡块排列部位 80rad（弧度）左右的范围内，胎冠磨损严重、内侧重于外侧。轮胎花纹最大深度差为 3.5mm，轮胎胎冠圆周最小半径差为 2.5mm。显然，转向盘和车身振摆故障是由于轮胎异常磨损、胎冠圆周方向失圆所致。

④ 在进行轮胎动平衡时存在误区，在换装新轮胎或出现故障后进行轮胎动平衡时，误认为通过安装平衡块即可达到轮胎平衡的目的，从而忽视并掩盖了车轮本身存在的品质问题。殊不知，超限度安装平衡块（该车高达 340g）使轮胎超出平衡限度，从而加剧轮胎胎冠局部磨损，导致轮胎胎冠圆周方向失圆。

⑤ 检测项目不全面。为防止汽车高速时振摆，车轮总成包括轮胎、轮辋、制动鼓（盘）和轮毂都需要进行平衡试验，同时轮胎还应做端面和径向摆差测量，漏检任何一个项目都有可能放过一次发现故障的机会。

故障三

1. 故障现象

桑塔纳普通型，车辆在直线行驶过程中，驾驶员须不断校正方向，若轻扶转向盘，车辆就会朝右侧驶去。

2. 诊断与排除

根据故障表现出的现象，主要原因有两侧车轮行驶的线速度不等，如轮胎气压不等、轮胎滚动直径及花纹不等、轮毂轴承的预紧度不等、一侧车轮制动器不复位、车身倾斜、四轮定位参数不准等。

首先进行外观检查。检查车身是否倾斜、轮胎气压是否均等、轮胎花纹是否一致及轮毂轴承是否发热等，未发现有明显缺陷。行驶跑偏的原因可能在前轮前束不准、轴向推力角大、左右轮轴距有差别等。因设备有限，建议驾驶员做四轮定位，并进行调整，故障就可排除。

第二天，驾驶员又将车开来，说行驶跑偏故障并未排除，询问是什么原因？根据驾驶员描述，做完四轮定位时，仅发现前轮前束值不准，对其进行了调整。但出厂后故障依然存在。

带着问题再次进行检查，除无四轮定位设备外，其他参数均正常，怀疑故障原因还是四轮定位失准。又去曾做过四轮定位检测的修理厂，对该车重新进行检测，结果是昨天调整过的前束值又发生了变化（前束失准）。

会出现这两种现象的原因有两点，一是对前轮前束调整后，横拉杆锁紧螺母未紧至规定力矩；二是检测质量有问题。检查锁紧螺母无松动或移动迹象，说明检测有问题。仔细观察操作人员的检测操作过程发现，在装加完 4 个传感器及相应的线束连接后，对各传感器进行校平时，少一道工序，即未对车轮轮辋的变形进行校正，才使得检测的结果不准。

按照正确的操作规程重新检测，前轮前束值不准，即左侧前束角在允许范围内，而右侧车轮的前束角小于规定值。重新调整后试车，故障排除。

转向系统故障诊断与排除

转向系统的常见故障为转向沉重、转向不灵敏、单边转向不足、前轮摆振等。

1. 转向不灵敏故障

（1）故障现象。汽车在行驶时，转向盘需要转过较大的角度才能控制汽车的行驶方向。

（2）故障原因。

① 转向器故障。啮合副主、从动件配合间隙过大；转向器总成安装松动。

② 转向传动机构故障。转向盘与转向轴连接部位松旷；转向垂臂与转向垂臂轴连接松旷（花键磨损）；横、直拉杆球头松旷；转向节主销与衬套磨损后松旷。

③ 其他故障。车架弯曲变形；前轮定位调整不当；车轮轮毂轴承间隙过大。

（3）故障诊断。 转向不灵敏故障的诊断如图 3-31 所示。

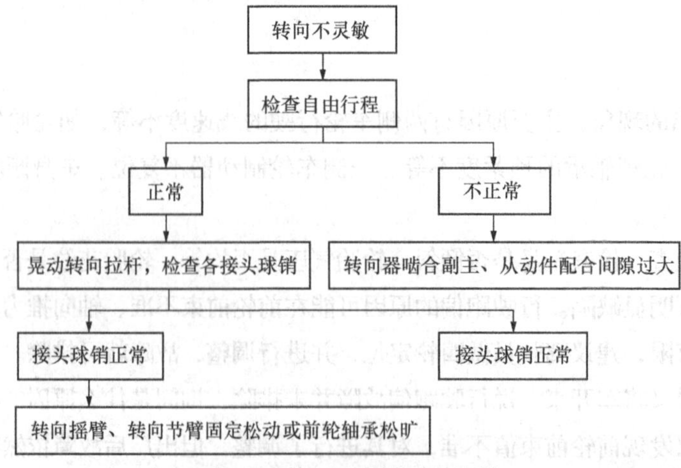

图3-31 转向不灵敏故障的诊断

2. 转向沉重故障

（1）故障现象。汽车行驶中转向时，转动转向盘感到沉重费力。

（2）故障原因。

① 转向器故障。转向器主动部分轴承过紧或从动部分与衬套配合过紧；转向器主、从动部分的啮合间隙过小；转向器缺油或无油；转向器的转向轴弯曲或套管凹扁造成互相碰擦；转向盘弯曲变形；齿轮齿条转向器齿轮与齿条啮合间隙过小。

② 传动机构故障。转向节主销后倾角过大、内倾角过大或前轮负外倾；转向横、直拉杆球头连接处连接过紧或缺油；转向节止推轴承缺油或损坏；转向节主销与转向节衬套配合过紧或缺油。

③ 动力转向装置故障。液压助力泵皮带松动；油面过低；转阀、滑阀发卡；转向助力泵压力不够或泄漏大；管路中有空气、管路接头泄漏；动力缸或分配阀密封圈损坏。

④ 其他故障。轮胎气压不足；前轮定位调整不当；前轴或车架变形。

（3）故障诊断。

① 普通转向系统沉重故障。转向沉重故障就是汽车在行驶中，向左、向右转动转向盘时，比以前或标准要求沉重费力，且自动回正性差。区分故障大致的方法是分别在原地和转向桥支起两种情况下检测转向盘的转向力，如果没有非常明显的减轻，则说明故障是因为转向各传动机构摩擦阻力过大（故障在转向器和转向传力机构）；如果有明显的减轻，说明转向轮定位失准。具体诊断如图 3-32 所示。

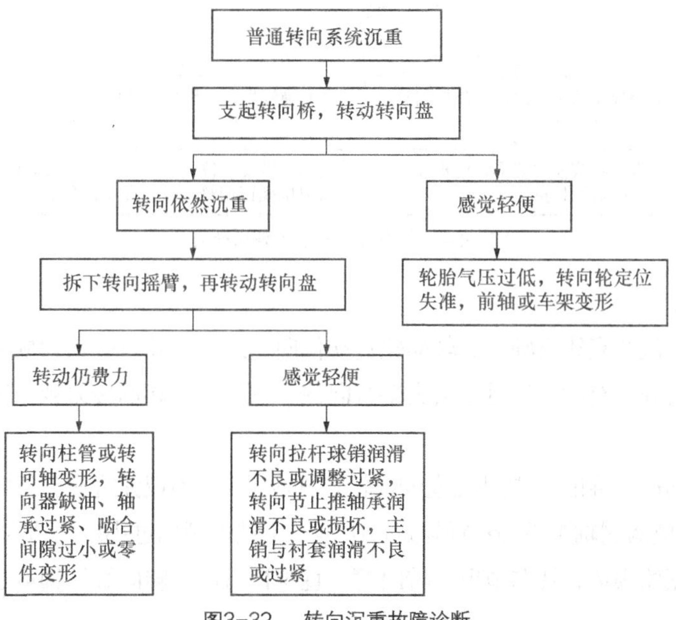

图3-32　转向沉重故障诊断

② 动力转向系统转向沉重故障。在液压转向助力系统不缺油、发动机运转的情况下，转动转向盘仍然费力。为了确认转向助力系统是否起作用，把转向桥支起，分别在发动机工作和熄火两种状态下测试转向盘的转动力。如果力量接近，则说明转向助力系统不工作，诊断框图如图 3-33 所示。

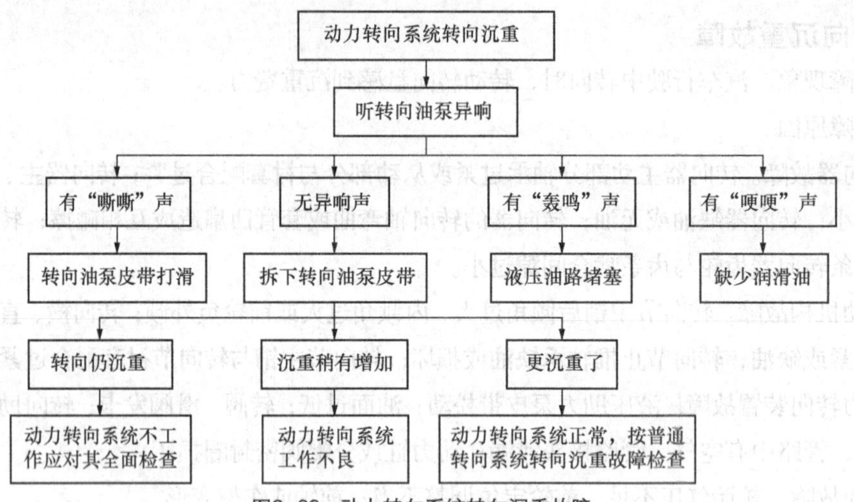

图3-33 动力转向系统转向沉重故障

3. 单边转向不足故障

（1）故障现象。汽车转弯行驶时，左、右转弯量明显不均，一边转弯半径大，一边转弯半径小。

（2）故障原因。转向传动机件变形；转向角限位螺钉调整不当；转向垂臂在转向垂臂轴上的位置不当；直拉杆弯曲变形或长度调整不当；前钢板弹簧 U 形螺栓松动或折断；齿轮在齿条上不居中。

（3）故障诊断。单边转向不足故障诊断如图 3-34 所示。

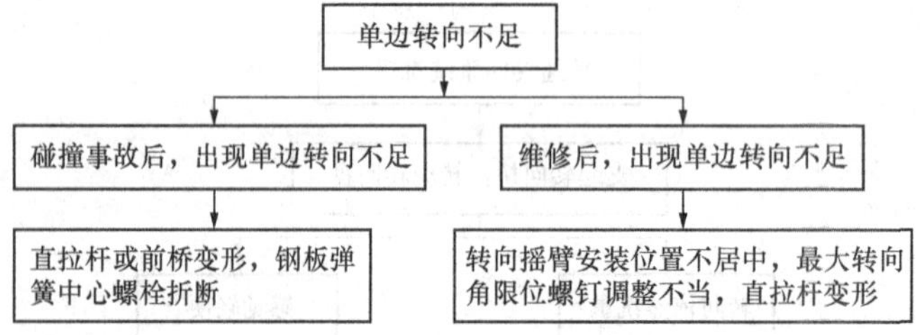

图3-34 单边转向不足故障诊断方法

4. 行驶跑偏

（1）故障现象。汽车直线行驶时，转向轮自动偏向一边，驾驶员必须紧握转向盘，不断校正方向，才能保持直线行驶；有时，行进中会突感方向往一侧偏转，其偏转力越来越大等。

（2）故障原因。

① 机械转向部分。一侧前轮制动器发咬或轮毂轴承过紧；钢板弹簧疲劳折断或两边弹力不一致或 U 形螺栓松动造成两侧轴距不等；前轮定位失准（主销内倾角过小或两边内倾角不等）；车架、前桥变形；一侧减振器损坏；转向节臂、转向臂、直拉杆弯曲；转向螺杆轴承过松；左、右轮胎气压不一致。

② 动力转向部分。分配阀反作用弹簧过软或折断造成滑阀或转阀不居中；滑阀两瑞环肩磨损不一致；滑阀或滑阀体环肩处有毛刺或碰伤；滑阀推力轴承预紧度调整不当或调整螺母松动。

③ 故障诊断。行驶跑偏故障诊断如图 3-35 所示。

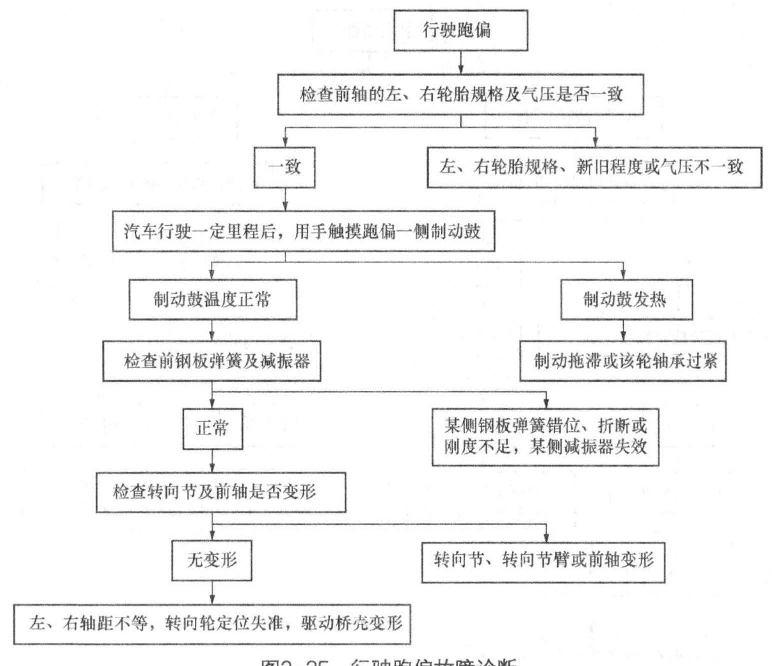

图3-35 行驶跑偏故障诊断

5. 转向轮摆振故障

（1）故障现象。汽车摇摆分低速摇摆和高速摇摆。低速摇摆是汽车起步后，低车速（20km/h 以下）行驶时，就感到前轮摇摆。高速摇摆是汽车高速行驶时，前轮摆动，此时转向盘抖动，手有发麻的感觉（俗称“打手”），影响操纵。

（2）故障原因。

① 低速行驶时摇摆。前轮定位失准；汽车载货后，使重心后移；后轮气压不足；转向器总成螺栓松动；拉杆球头销磨损严重松动；转向节衬套磨损。

② 高速行驶时摇摆。前钢板弹簧因疲劳变形下沉或折断，改变了主销后倾角；前轮轮毂总成变形；钢板弹簧中心螺栓和 U 形螺栓松动；制动蹄摩擦片与制动鼓间隙调整不当或制动鼓失圆；转向盘游动间隙过大；传动轴、车轮总成动不平衡；减振器损坏失效。

③ 动力转向部分。液压系统进入空气 ；分配阀反作用弹簧弹力不足或折断；转向油泵流量过大或溢流阀调整不当；液压系统严重缺油，使空气在油路中产生循环。

（3）故障诊断。转向轮摆振故障诊断如图 3-36 所示。

6. 自动回正不良故障

（1）故障现象。转动转向盘，然后松开手后，转向盘不能自动回到中间位置。

（2）故障原因。

① 机械转向部分。轮胎气压过低；各拉杆、球头节等润滑不良；转向螺杆轴承过紧；前轮定位失准；转向器松动；齿条齿扇啮合间隙过大；转向器未调到中间位置；转向柱与转向柱管擦碰。

② 动力转向部分。转向器流量控制阀卡滞；转向器转阀或滑阀卡滞；回油管扭曲堵塞。

（3）故障诊断。自动回正不良故障诊断如图 3-37 所示。

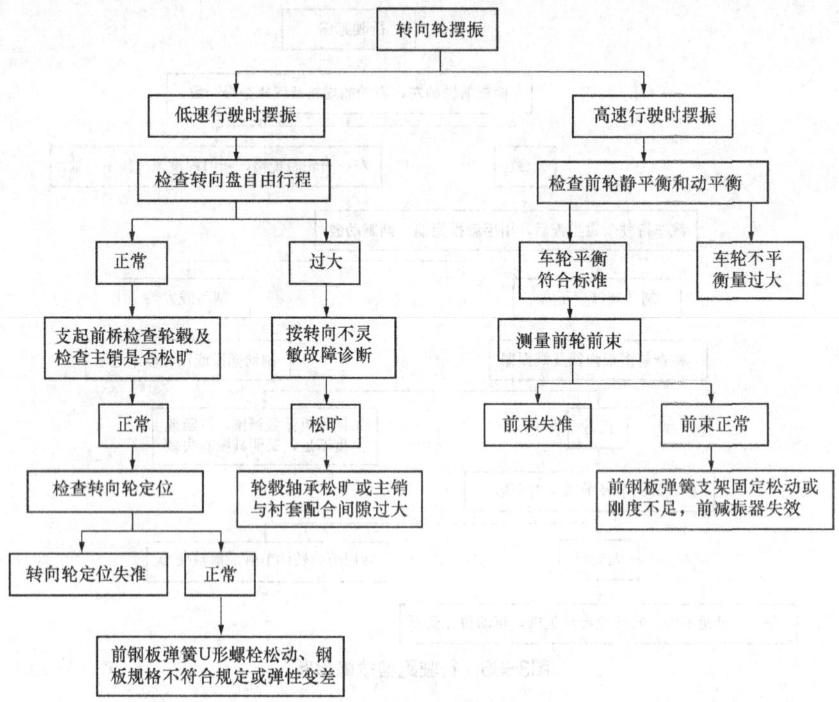

图3-36 转向轮摆振故障诊断

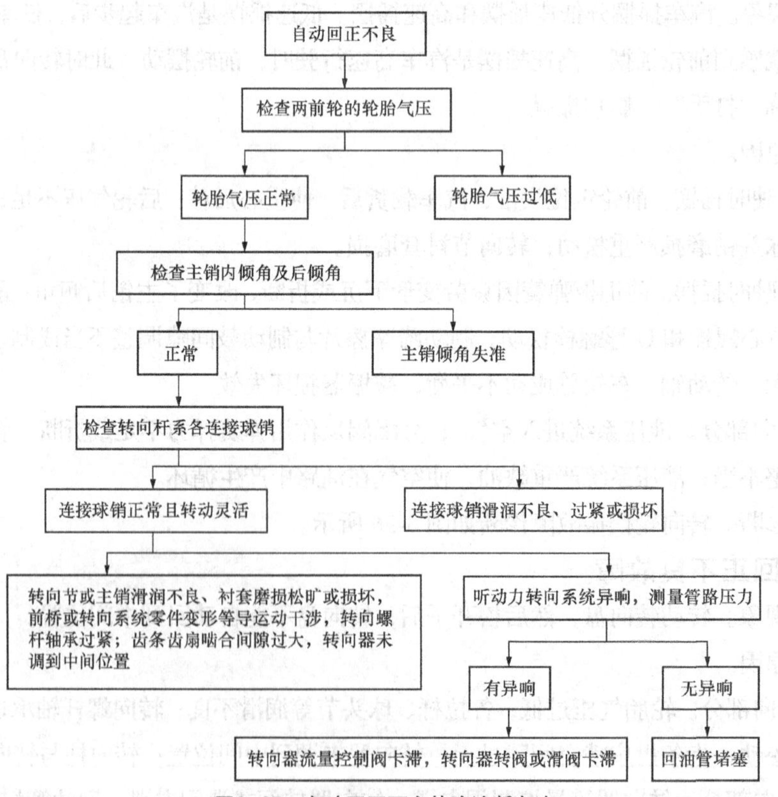

图3-37 自动回正不良故障诊断方法

转向系统故障判断规律。

（1）转向轮出现偏磨，故障一般是前束不准。

（2）轿车转向系统为无间隙传动，若转向盘自由度过大，应检查转向器、转向传力机构及转向轮轴承间隙等。

（3）如果转向时沉重且自动回正性差，故障一般是转向机构润滑不良、配合过紧及前轮定位角度失准（前束过大、过小、后倾角过小、外倾角过小）。

（4）如果是液压转向系统的车辆，在行驶中突然转向变沉重，故障一般是转向助力油泄漏过多或转向助力油泵不工作。

（5）如果车辆在转弯时，车身倾斜度过大，故障一般是横向稳定器与车架、悬架之间的连接有问题。

（6）如果车辆在较差的路面上行驶时转向盘有“打手”现象，故障一般是转向减振器损坏。

（7）前轮发摆，应检查转向系统及悬架机构的间隙是否过大、有无运动干涉现象，轮胎是否动平衡。

故障实例分析

故障一

1. 故障现象

一辆皇冠 2.8 轿车，动力转向系统转向助力效果逐渐减弱，使转向沉重。

2. 故障诊断与排除

① 检查液压系统是否有泄漏和油面高度是否正常。经查，均正常。

② 检查动力转向系统中的叶片式油泵输油压力是否正常。为此，将油压表的一端接在油泵的输出端，另一端接在转向助力器的输入端，使发动机怠速运转，在油压表阀门（位于输出端）全闭的情况下测得油压为 3.5MPa，而标准值应大于 7.0MPa，说明油泵有故障。然后将转向盘分别转到左、右极限位置，打开压力表阀门，分别测量油压，结果仍为 3.5MPa。这说明转向助力器、安全阀及溢油阀均正常。

③ 拆检叶片泵，发现泵内的各滑片表面磨损严重，厚度为 1.35mm，而标准值为 1.55mm，从而导致油泵泵油压力不足，引起转向助力不良。更换滑片、弹簧和弹簧座后，泵油压力恢复正常，故障排除。

故障二

1. 故障现象

桑塔纳 2000 型轿车转向时，一边重，一边轻，给驾驶员的驾驶操纵造成困难。

2. 诊断与排除

造成左右转向力矩不一致的原因有左转向右悬架部位球头铰接及连接件磨损、润滑及紧固程度不一致；车架变形，致使一侧转向连接部位转动卡滞；一边轮胎制动未解除或解除滞后等。由于桑塔纳 2000 型轿车是液压动力转向，转向左右轻重不一也可能与转向控制阀、转向液流管道阻力、转向工作缸的运动状态等有关。

将车举起，检查以上分析的有关部位，未发现机械、制动部分有问题。问题就集中在动力转向部分。动力转向系统检测方法如下。

（1）观察储液罐，油液在标志线上。左右转动转向盘，储液罐内无气泡及混浊现象。

（2）观察通往助力泵的管道，无漏油痕迹。

（3）接入液压表测试油压，转动转向盘，油压值变化较大。拆下转向控制阀剖解检查，发现分配阀中滑阀孔有堵塞，并且运动中总偏置一方，这就是故障根源。更换分配阀及弹性扭力杆后，故障排除。

中型汽车上采用的是滑阀式转向控制阀，其本身就有调整左右转向轻重的调整螺塞，使转向控制阀的阀芯在直线行驶时保持在中间位置。如果因调整不当或其他原因引起转向轻重不一，调整就可解决问题，这也是常见的故障。而轿车上采用的是转阀式控制阀，如果油道不堵塞，弹性扭力杆不产生永久性扭曲变形，就不会出现此类故障。

转向控制阀在直线行驶时未处于中间位置，在需要转向时，左右两侧出油口径大小不一，油压不一致，使得转向时，左轻右重。

一般应根据车辆的行驶里程、转向系统的工作质量，除定期检查、调整外，还应对动力转向系统进行必要的清洗，更换新的动力液，确保动力转向系统正常工作。

故障三

1. 故障现象

红旗轿车车速在 80km/h 以上时前轮摆振，车速越高，摆振越严重，车速达 120km/h 时，不但方向盘抖得厉害，而且车体也跟着抖动，无法正常行驶。行驶里程 74 600km。

2. 诊断与排除

① 检查前轮轮胎，胎冠呈波浪状磨损，轮胎因紧急制动而磨损得不规则，同时轮辋也有轻微磕碰变形，这说明车辆长期使用，前轮动平衡不良。

② 经检查前束正常，横拉杆球头和控制臂球头不松旷，对两前轮进行动平衡试验，故障消除。

3.4 制动系统故障诊断与排除

制动系统的常见故障是制动失效、制动效能不良、制动拖滞、制动跑偏等。

3.4.1 液压制动系统故障诊断与排除

1. 液压制动不良故障

（1）故障现象。制动时不能迅速减速或停车；第一次踏下制动踏板时制动不灵；连续踩踏制动踏板，踏板逐渐升高，但感到软弱，并且制动效果不佳。

（2）故障原因。制动器上不能产生制动力或制动力很小。

① 油路故障。油液不足、变质，管路漏油或漏气。

② 制动总泵（主缸）、分泵（轮缸）故障。液压制动总泵和分泵橡胶碗、橡胶圈老化、发胀或磨损、变形，活塞与缸壁磨损过大；液压制动总泵分泵回位阀弹簧过软、折断、自由长度不足；出

油阀、回油阀密封不严，储液室内制动液不足。

③ 制动踏板自由行程。制动踏板自由行程过大，制动主缸和工作缸推杆调整不当或松动。踏板传动机构松旷。

④ 真空增压装置。真空管路漏气；控制阀阀门密封不严，气室膜片破损，控制阀活塞和橡胶圈磨损；增压缸活塞磨损过多，橡胶圈磨损，回位弹簧过软。

⑤ 制动器故障。制动蹄摩擦片磨损严重、摩擦片与制动鼓之间的间隙过大，制动盘磨损过薄或制动鼓制动盘工作表面有油污；制动蹄摩擦片与制动鼓接触状态不佳，调整不良；制动盘翘曲变形，制动鼓圆度、圆柱度超差；制动蹄片表面烧焦、蹄片松动、脱落、铆钉露出；鼓式车轮制动器浸水；制动蹄回位弹簧过硬，制动蹄轴锈蚀卡死。

（3）故障诊断。制动不良故障诊断如图 3-38 所示。

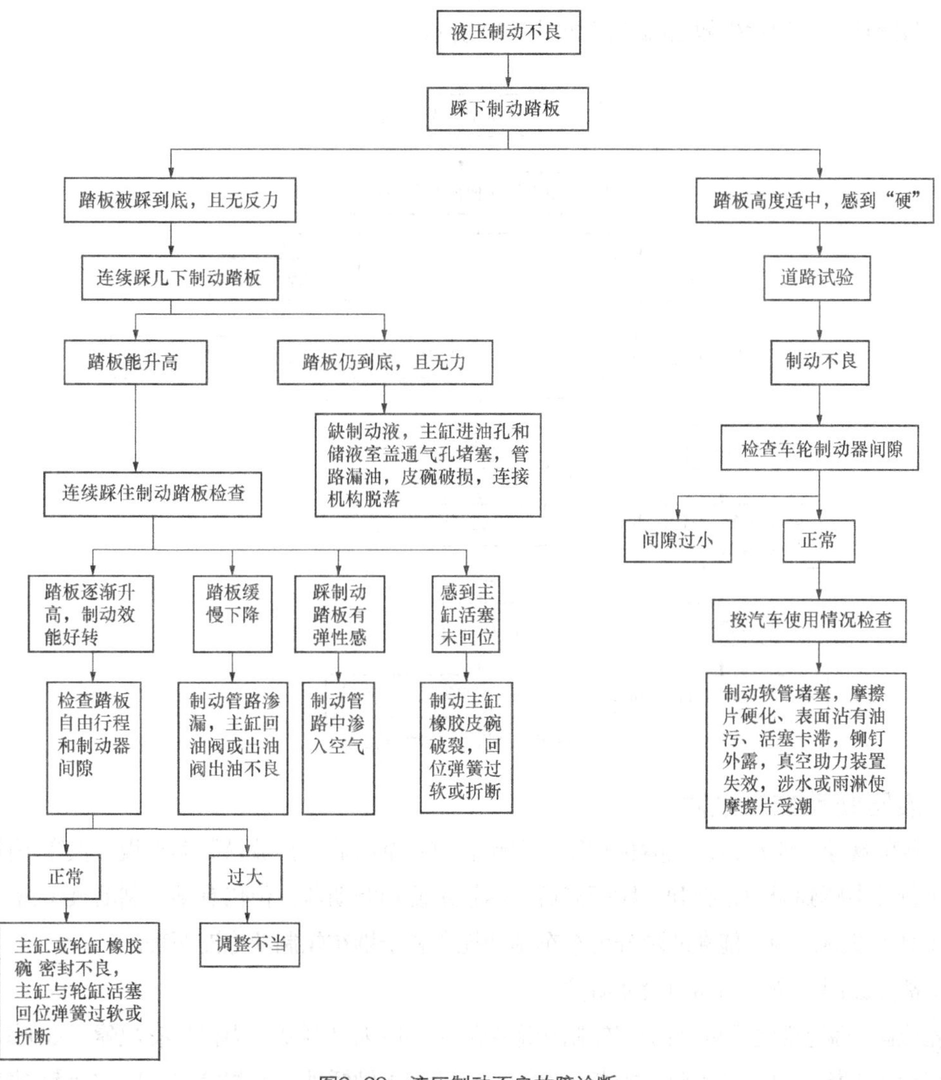

图3-38 液压制动不良故障诊断

2. 液压制动失效故障

（1）故障现象。汽车行驶中，将制动踏板踩到底，制动装置根本不起作用；在使用一次或几次制动后，制动装置突然不起作用。制动失效故障又分为整车制动失效和个别车轮制动失效两种。制动失效故障突发性强，往往造成严重后果，属于恶性故障。

（2）故障原因。

① 液压制动总泵（主缸）故障。制动总泵内制动液严重不足；制动总泵橡胶皮碗、橡胶圈严重磨损或橡胶皮碗被踏翻；制动总泵至制动分泵的管路断裂或接头松脱，严重漏油；制动踏板传动机构脱落，断裂。

② 液压制动分泵（轮缸）故障。制动分泵橡胶皮碗严重破损或橡胶皮碗被顶翻；制动分泵活塞在缸筒内卡死；制动分泵进油管被压扁、堵死；制动分泵排空气螺钉松脱、丢失。

③ 车轮制动器故障。制动蹄摩擦片大面积脱落，摩擦片严重烧蚀；制动鼓、制动盘开裂、破碎。

（3）故障诊断。制动失效故障诊断如图 3-39 所示。

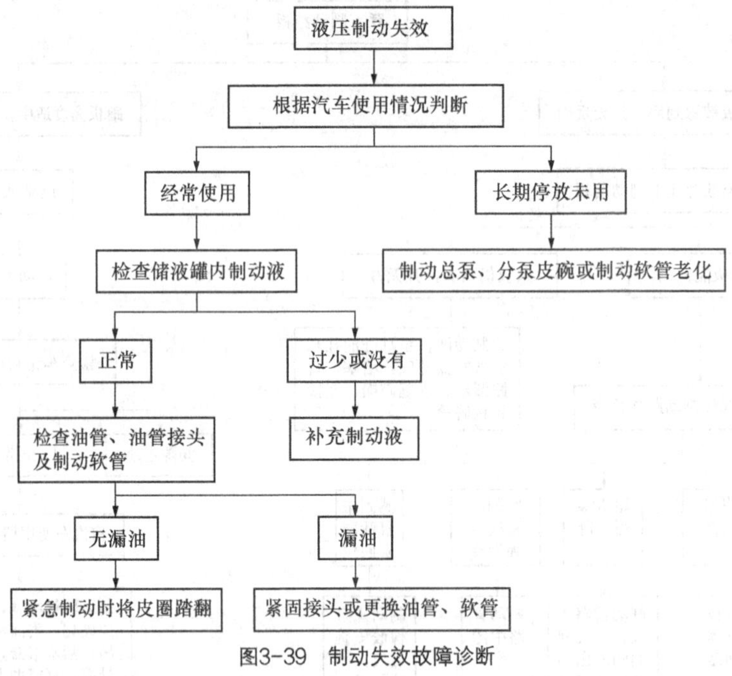

图3-39　制动失效故障诊断

3. 液压制动拖滞故障

（1）故障现象。制动拖滞故障也称制动发咬。使用制动后，再放松制动踏板，汽车不能立即起动。汽车行驶中感到无力，行驶一段距离后，尽管未使用制动器，但仍有某一制动鼓（盘）或全车制动鼓（盘）发热。制动拖滞故障分为全车制动拖滞和个别车轮制动拖滞两种。

（2）故障原因。车轮制动力没能解除。

四轮或同一制动腔控制的两个车轮制动拖滞的主要原因是制动传力机构有故障，如制动踏板没有自由行程或踏板回位弹簧松脱、折断、太软；制动踏板轴锈蚀，磨损发卡，回位弹簧不能使其回位；制动液太脏或黏度太大，使得回油困难；制动总泵回油孔、旁通孔被脏物堵塞；制动总泵活塞发卡、橡胶皮碗发胀使其回位不灵活，堵住总泵回油孔；制动总泵活塞回位弹簧过软或折断；制动总泵回油阀弹簧过硬。

个别车轮制动拖滞的主要原因是车轮制动器故障，如制动分泵橡胶皮碗发胀、卡住或橡胶皮碗被粘住；制动分泵活塞变形、磨损、卡住；制动油管被压扁或制动软管老化，内壁脱落堵塞导致回油不畅；制动蹄摩擦片与制动鼓（盘）烧结、粘住；制动蹄回位弹簧脱落、折断或弹力过小；制动鼓失圆，制动盘翘曲变形。

其他原因。轮毂轴承调整不当，使制动鼓歪斜与制动蹄摩擦片接触；行车制动兼驻车制动的拉杆未放松或钢索调整不当。

（3）制动拖滞故障诊断。制动拖滞故障诊断如图3-40所示。

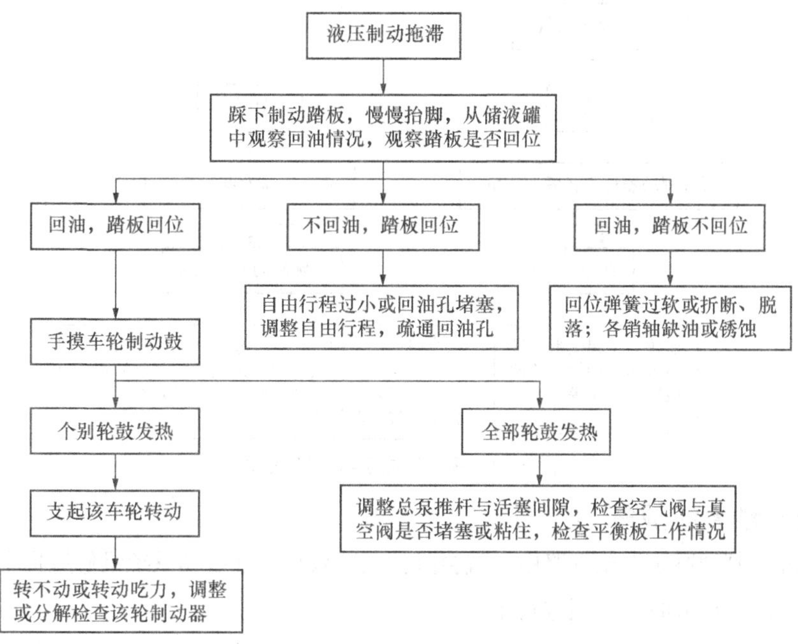

图3-40　制动拖滞故障诊断

4. 液压制动跑偏

（1）故障现象。汽车制动时自动向一侧偏驶，即为制动跑偏。

（2）故障原因。主要原因为两侧车轮制动力不一致。

① 两侧车轮的制动力不等，如两侧车轮制动器摩擦副的摩擦系数不等、接合面积不等、分泵推力不等、轮胎花纹或路面附着系数不等，单边管道中有空气等。

② 两侧车轮的制动时间不等，如制动间隙大小不等、弹簧弹力不等。

③ 感载比例阀失效（阀门常开不关），使后轮的制动力大而出现紧急制动。

④ 车身倾斜或路面有斜坡，如车架变形、悬架故障、轮胎直径不等或在有横坡的道路上制动等。

（3）故障诊断。液压制动跑偏的故障诊断如图3-41所示。

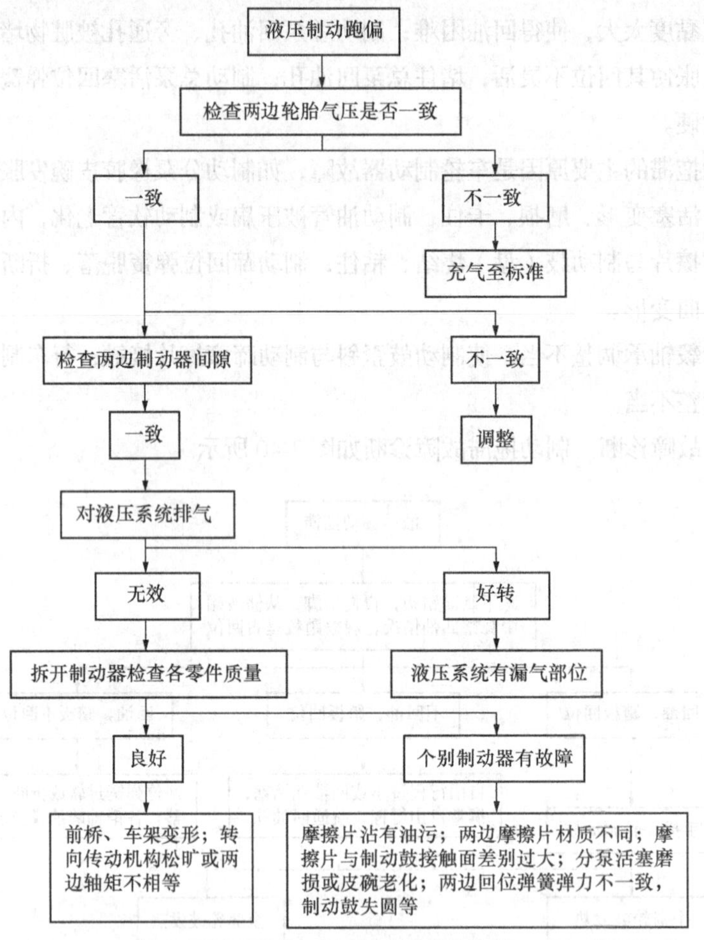

图3-41 液压制动跑偏的故障诊断

5. 液压制动系统放气

如果空气混入制动系统液压管路中，就会降低制动效果。在制动系统维修过程中，拆卸液压管路，更换零部件及制动液时，必须进行排气。

排气作业要由两个人协同进行，一个人负责反复踩下制动踏板，另一个人进行排气作业，放气步骤（如图 3-42 所示）如下。

① 拉紧驻车制动器操纵手柄。

② 起动发动机，直到真空度充分升高为止（在发动机不旋转的状态进行排气，会对真空助力器造成不良的影响）

③ 检查制动液储液罐内的液位，根据需要适量补充，以排气作业完成后储液罐内仍有制动液为准。

④ 从离主缸最远的车轮制动轮缸开始，由远到近按顺序进行排气，顺序为右后轮—左后轮—右前轮—左前轮。

⑤ 从放气螺钉上拆下放气螺钉护罩，把放气螺钉端部擦净。将放气用软管接到放气螺钉上，软管的另一端放入容器。如图 3-43 所示。

⑥ 反复踩下制动踏板，并保持被踩下的状态。

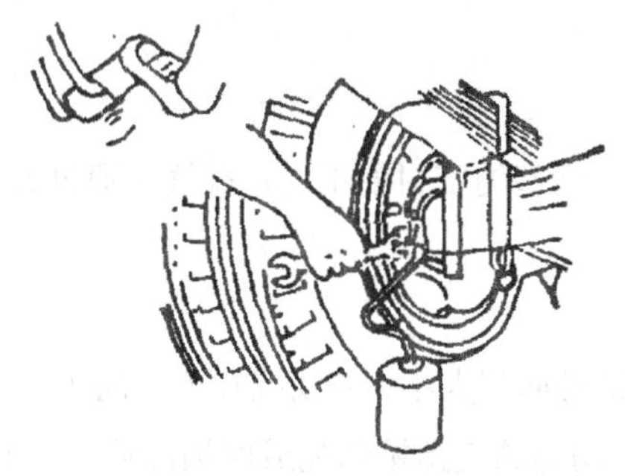
图3-42 制动器液压管路放气

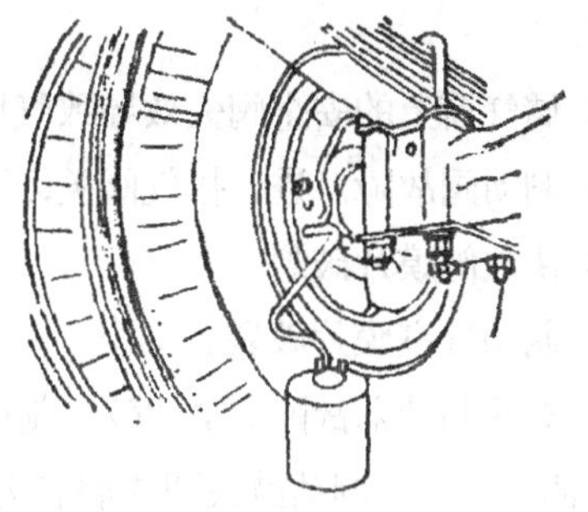
图3-43 将排气软管接到放气螺钉上

⑦ 拧松放气螺钉，将带气泡的制动液排入容器内，并迅速拧紧放气螺钉。

⑧ 慢慢抬起制动踏板，反复进行上述作业，直到从放气螺钉内排出的制动液中没有气泡为止。排气过后，重新装好放气螺钉护罩。

⑨ 在排气过程中，要注意储液罐内的制动液液面高度。及时补充。以免空气进入。补充制动液时不可使用排气放出的制动液。

⑩ 对各车轮都进行排气后，要检查储液罐内的液面高度，按要求加足制动液。

真空助力器的检验

（1） 真空助力器密封性的检验。

① 用一根短的软管和 T 形接头将真空表接在助力器止回阀上，如图 3-44 所示。

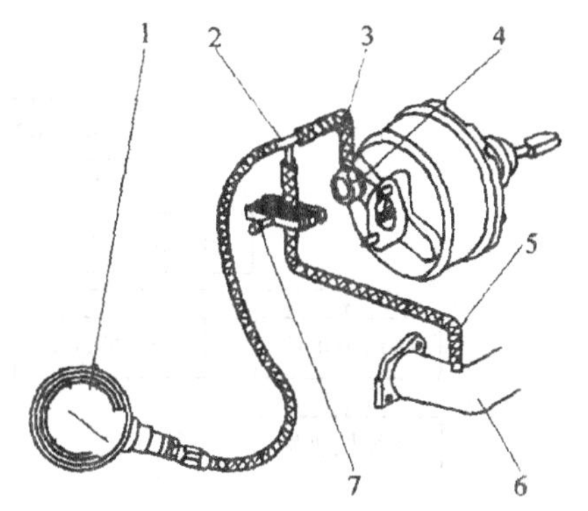

图3-44 真空表的安装

1—真空表；2—三通接头；3—软管；4—止回阀；5—止回阀软管；6—进气歧管；7—卡紧工具

② 起动发动机，怠速运转 1 min。

③ 卡紧真空源与止回阀之间的软管，以关闭真空来源。

④ 使发动机熄火，观察真空表的变化。

⑤ 如果在 15s 内真空下降 3.38kPa，则表明助力器膜片或止回阀已损坏。

（2）真空助力器功能的检查。在发动机不运转的情况下，踩几下制动踏板，确认踏板高度无变化时，踩住踏板，起动发动机，此时若踏板稍有下降，则表示真空助力器功能良好。

（3）真空助力器在有制动负荷时密封试验。起动发动机运转 1～2min，在不停机的条件下踩下制动踏板，在保持踏板力不变的条件下，关闭发动机。在 30s 内踏板的高度若无变化，表明真空助力器密封性好；若踏板升高，则密封性不好。

3.4.2 气压制动系统故障诊断与排除

1. 气压制动不良故障

（1）故障现象。与液压制动不良故障现象相同。

（2）故障原因。

① 空气压缩机故障。皮带断了或打滑；活塞与缸筒磨损严重；卸荷阀关闭不严；气压调节阀调

整过抵。

② 储气筒上的安全阀失效导致气压过低。

③ 制动阀故障。进、排气阀关闭不严；膜片破裂；活塞的密封圈不良；排气间隙过大。

④ 快放阀膜片破裂。

⑤ 制动气室膜片破裂。

⑥ 车轮制动器故障。制动鼓与制动蹄间隙过大或接触面积太小；制动蹄片上有油污、水；制动蹄片上铆钉松动；制动鼓失圆或磨有沟槽；凸轮轴、制动蹄的支撑销锈死或磨损松旷；调节臂上的调整蜗杆调整不当；制动管路漏气。

（3）故障诊断。气压制动不良的故障诊断如图 3-45 所示。

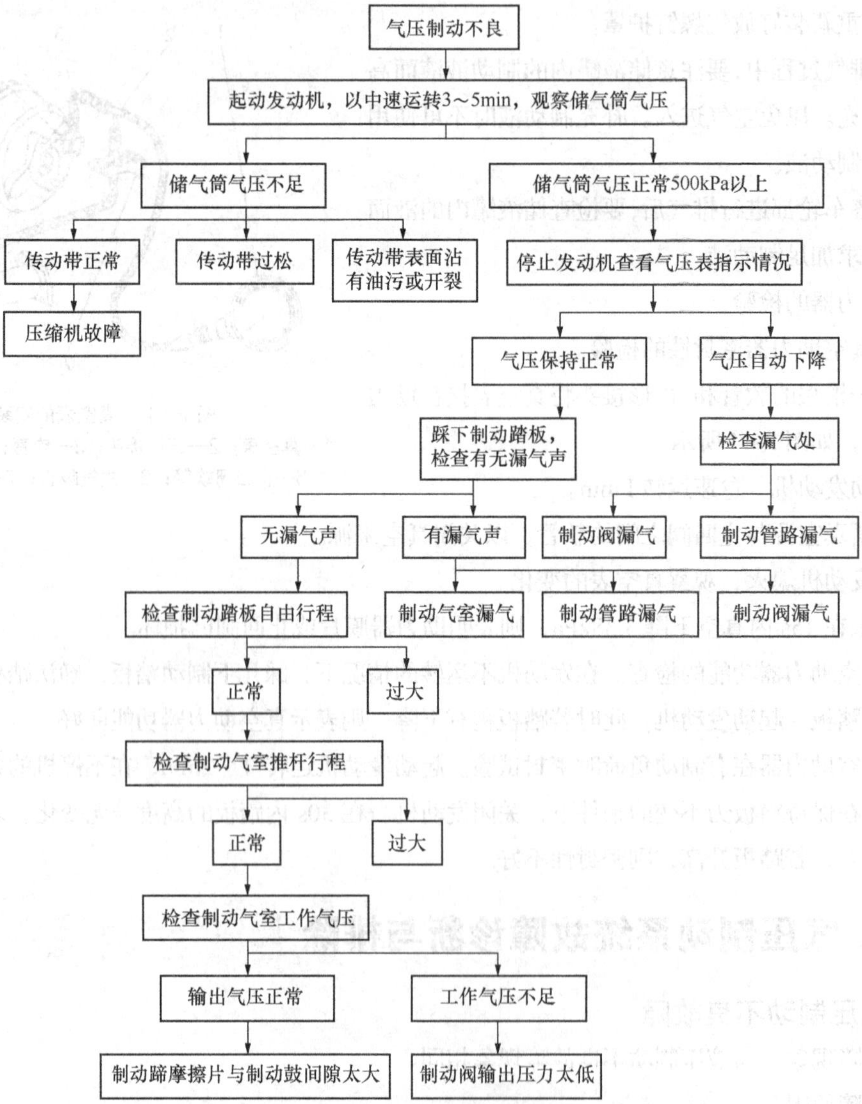

- 气压制动不良
  - 起动发动机，以中速运转3～5min，观察储气筒气压
    - 储气筒气压不足
      - 传动带正常
        - 压缩机故障
      - 传动带过松
      - 传动带表面沾有油污或开裂
    - 储气筒气压正常500kPa以上
      - 停止发动机查看气压表指示情况
        - 气压保持正常
          - 踩下制动踏板，检查有无漏气声
            - 无漏气声
              - 检查制动踏板自由行程
                - 正常
                  - 检查制动气室推杆行程
                    - 正常
                      - 检查制动气室工作气压
                        - 输出气压正常
                          - 制动蹄摩擦片与制动鼓间隙太大
                        - 工作气压不足
                          - 制动阀输出压力太低
                    - 过大
                - 过大
            - 有漏气声
              - 制动气室漏气
              - 制动管路漏气
              - 制动阀漏气
        - 气压自动下降
          - 检查漏气处
            - 制动阀漏气
            - 制动管路漏气

图3-45 气压制动不良的故障诊断

2. 气压制动失效故障

（1）故障现象。与液压制动失效故障现象相同。

（2）故障原因。

① 储气筒无气或充气量不足。空气压缩机传动带折断或打滑；空气压缩机向储气筒的供气管道破损、堵塞或管道接头松脱、漏气严重；卸荷阀卡死；挂车制动分离开关未关或关闭不严；储气筒破裂，储气筒各功能阀失效、漏气。

② 制动阀故障。制动阀进气阀卡住或关闭不严进气阀不能打开，压缩空气从排气口排出；制动踏板传动机构折断；制动管路折断，接头松脱或管道堵塞，冰阻。

③ 制动气室故障。制动气室膜片破裂、壳体破损、接合面松动或推杆在壳体孔中卡死不能移动；调整臂调整不当导致制动气室推杆行程过小。

④ 车轮制动器故障。制动凸轮轴与支架衬套卡死，不能转动或转角过小；制动蹄摩擦片、制动鼓磨损后间隙过大；制动蹄摩擦片大面积脱落或严重烧蚀；制动鼓开裂、破碎；制动器过热或水湿。

（3）故障诊断。气压制动失效故障诊断如图 3-46 所示。

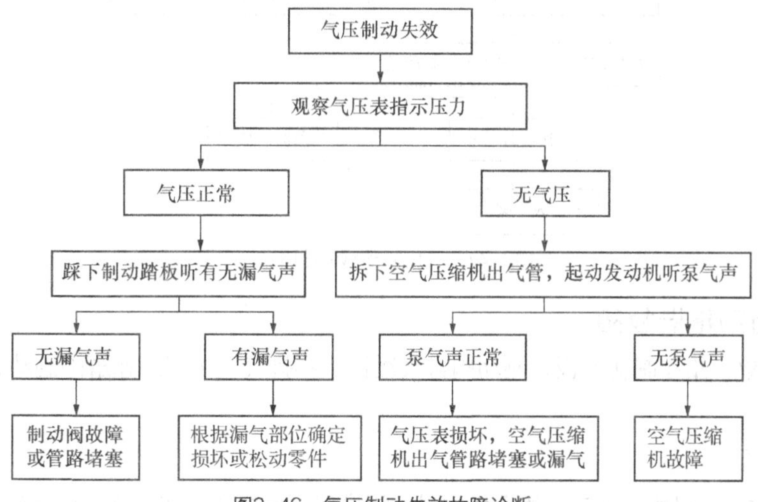

图3-46 气压制动失效故障诊断

3. 气压制动跑偏故障

（1）故障现象。与液压制动跑偏故障现象相同。

（2）故障原因。

① 车轮制动器故障。各车轮制动促使凸轮轴转角相差过大或制动促使凸轮轴与支架配合、磨损程度不一致，制动导致凸轮轴转动不灵活；各车轮制动器的制动间隙、制动蹄摩擦片的质量，以及制动蹄摩擦片与制动鼓的接触贴合状况相差过大；各车轮的制动鼓直径、圆度、圆柱度等技术指标相差过大，各制动鼓工作表面状况相差过大；车轮制动器的蹄片回位弹簧弹力相差过大，制动蹄轴与衬套配合、磨损程度不一致。

② 制动器气室故障。某车轮制动器的制动气室进气管被压扁、锈蚀堵塞，或进气软管老化发胀、进气管接头松动、漏气；某制动气室壳体连接螺栓松动引起漏气，或制动气室的膜片老化、破裂；

各车轮制动器的制动气室推杆行程不一致，或某制动气室推杆有卡滞现象。

③ 其他故障。车辆严重偏载，使车身偏斜；车辆左右轮胎气压不一致；车辆左右轮胎规格不一致，轮胎花纹磨损程度相差过大；车辆两侧悬架弹簧的弹力不一致；车架变形，车桥位移；前轮定位失准，或转向系统松旷；路面两侧附着系数相差大，路面向一侧倾斜。

（3）故障诊断。气压制动跑偏故障诊断如图 3-47 所示。

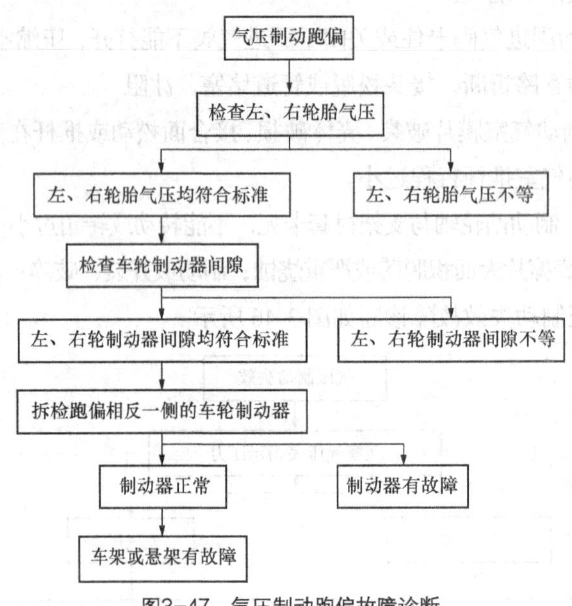

图3-47 气压制动跑偏故障诊断

4. 气压制动拖滞故障

（1）故障现象。抬起制动踏板，制动阀排气缓慢或不排气，不能迅速解除制动，致使车辆起步困难、行驶无力。

（2）故障原因。

① 制动阀故障。制动阀排气间隙太小；制动阀排气阀座橡胶发胀，堵塞排气口；排气阀导向座锈蚀、发卡。

② 传动机构故障。踏板传动机构卡住不回；制动踏板无自由行程或自由行程太小。

③ 车轮制动器故障。制动器气室推杆卡住不回；制动凸轮轴支架固定螺栓松动，引起凸轮轴不同心而转动不灵活；制动蹄摩擦片与制动鼓间隙过大；制动蹄摩擦片与制动鼓间隙过小；制动蹄摩擦片与制动鼓烧结、粘住、脱落、回位弹簧脱落，折断或弹力过小；制动蹄轴与衬套配合间隙过小、锈蚀、润滑不良引起转动困难。

④ 其他故障。半轴套管与轮毂轴承配合松旷导致制动鼓偏斜；轮毂轴承外圈与轮毂配合松旷导致制动鼓偏斜；制动气室膜片老化、膨胀、变形；制动软管老化、发胀、堵塞；制动踏板轴发卡、踏板回位弹簧脱落、折断引起踏板不回位。

（3）故障诊断。气压制动拖滞故障如图 3-48 所示。

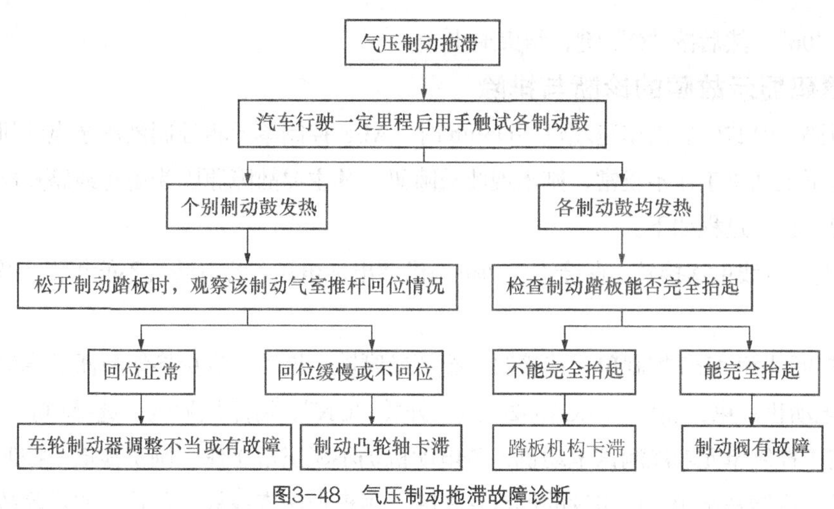

图3-48　气压制动拖滞故障诊断

3.4.3　ABS 系统故障诊断与排除

ABS 具有自诊断功能，当电控系统发生故障时，警示灯会立即报警，系统自动关闭，返回常规制动状态。车型不同，ABS 的自诊断方法也不相同。下面以大众轿车 MK20-I 型 ABS 为例，介绍 ABS 的自诊断方法和故障诊断过程。

1. 故障码的读取

ABS 系统可采用专用仪器读取故障码，也可进行人工读码。大众轿车采用 V.A.G1551 或 V.A.G1552 专用故障诊断仪读取故障码，操作步骤如下。

① 关闭点火开关，将 V.A.G1551 专用故障诊断仪与车上的故障诊断接口相连，然后起动发动机。

② 按下“0”和“3”键，进入“防抱死制动系统”，按“Q”键确认。

③ 按下“0”和“2”键，选择“故障查询”功能，按“Q”键确认，按“→”键，依次显示所有故障信息，读取所有故障码，大众轿车 ABS 故障码见表 3-13。

表 3-3　　大众轿车 ABS 故障码

故障码	故障部位	故障原因
65535	电子控制单元	损坏
01276	ABS 液压泵	电动机不能工作
00283	左前轮转速传感器	电气及机械故障
00285	右前轮转速传感器	
00290	左后轮转速传感器	
00287	右后轮转速传感器	
01044	ABS	编码错误
00668	供电端子 30	无电压或电压不正常
01130	ABS 工作异常	传感器信号不合理

④ 键入“06”，然后按“Q”键，结束退出。

2. 故障码显示故障的诊断与排除

（1）故障码“01276”。当车速超过 20 km/h 时，ABS 控制单元将控制液压泵电动机工作，若此时检测到液压泵电动机工作不正常，则出现此故障码。其主要故障原因为电源线路短路或搭铁，电动机线束松脱，诊断过程如下。

① 拔下电动机线束连接器，直接给电动机提供蓄电池电压，若电动机不能正常工作，应更换液压控制单元。

② 检查熔断器和 ABS 控制单元连接器，损坏或腐蚀、松动，应更换熔断器或线束。

③ 接好电动机线束，连接 V.A.G1552，点火开关“ON”，清除故障码（选择功能“05”），利用 V.A.G1552 液压控制单元功能测试电动机，若电动机仍不能正常工作，则更换电子控制单元。若电动机运转正常，可能是接触不良引发的偶然性故障，用模拟法查找故障部位，并排除故障。

（2）故障码“00283、00285、00290、00287”。此故障码表示车轮转速传感器电气及机械故障。在下列几种情况下，可能出现上述车轮转速传感器故障码。

① 当检查不到电路断路，而车速达到 10 km/h 以上仍没有信号输出时，即出现此故障码。

② 当检测到车速超过 40 km/h，传感器信号超出公差值时，即出现此故障码。

③ 传感器存在可识别的断路故障时，即出现此故障码。

对前两种情况，其可能的故障原因是传感器安装不当、传感器线圈或线束短路、传感器与齿圈气隙过大、齿圈损坏、轴承间隙过大、ABS 控制单元损坏等。诊断时，首先检查车轮转速传感器，若安装不正确或损坏，应重新安装或更换；然后检查齿圈及气隙，齿圈损坏则更换，气隙过大应重新安装调整；然后检查车轮轴承间隙，不正常应进行调整；最后检查车轮转速传感器与 ABS 控制单元间的线束和连接器，损坏或松旷应更换。

第三种情况可能的故障原因为传感器或线圈连接不良、传感器线圈短路、传感器连接器或线束短路或搭铁、ABS 控制单元信号处理电路有故障。诊断时，检查传感器电阻值，应为 1.0～1.3 kΩ，若阻值正确，可能是电子控制单元损坏，应更换；若阻值不正确，检查传感器连接器，如有腐蚀或松旷现象，应检修或更换。随后检查 ABS 控制单元与传感器之间的线束，短路或断路应更换线束。若上述各项均正常，可能是偶发性故障，用模拟法检查，确定故障部位并排除故障。

（3）故障码“01044”。此故障码表示 ABS 编码错误。当电子控制单元的软件编号与 ABS 线束的硬件编号不一致时，即出现此故障码。其故障原因可能是 ABS 线束内跳针连接错误、ABS 电子控制单元编码错误。

① 使用 V.A.G1552 检查 ABS 电子控制单元，软件编码正确值为“03604”（Jetta 5V），否则需重新编码。

② 检查 ABS 线束跳针端子 15 和 21（Jetta 5V）能否导通，不正常，应检修或更换线束。

（4）故障码“00668”。当供电端子 30 未提供电压或电压过高时，即出现此故障码。其可能的故障原因有 ABS 熔断器烧断、蓄电池电压过高或过低、ABS 线束连接器不良、ABS 电子控制单元损坏。

① 检查蓄电池电压是否正常。

② 检查 ABS 30A 熔断器，烧断应更换。

③ 断开 ABS 电子控制单元连接器，点火开关“ON”，测量端子 8 和 9、端子 24 和 25、端子 8 和 23 之间的电压，应均为 9.5～16.5V，若电压正常，可能是控制单元损坏，应更换。

④ 如果端子电压不正常，检查控制单元连接器，如有腐蚀、松旷现象，应修复或更换。

⑤ 若为偶发性故障，可用模拟法检查并排除故障。

（5）故障码“01130”。当 ABS 微处理器进行车速信号比较，认为不合理时，即出现此故障码。其故障原因为高频电波干扰、车轮转速传感器损坏或连接器不良、ABS 电子控制单元损坏。

① 检查车轮转速传感器输出的信号电压，若信号正常，则为电子控制单元故障，应更换。

② 如果信号输出不正常，检查车轮转速传感器，如损坏则应更换。

③ 若车轮转速传感器正常，应检查电子控制单元和传感器之间的线束及连接器。

ABS 工作不正常而又无故障码输出，可根据具体故障现象进行相应的故障诊断。

3. 无故障码输出时防抱死制动系统的故障诊断与排除

（1）发动机未起动，点火开关“ON”时，ABS 警告灯不亮。此故障的可能原因为熔断器烧断、警告灯灯泡损坏、电源电路断路或连接器损坏、ABS 警告灯控制器损坏。

① 检查中央电器盒内的 ABS 熔断器，烧断则更换。

② 检查中央电器盒熔断器插座，损坏应修复。

③ 断开电子控制单元连接器，点火开关“ON”，若 ABS 警告灯点亮，则为警告灯控制器一侧或电子控制单元一侧的电路断路，应检修或更换线束。若 ABS 警告灯仍然不亮，应检查警告灯灯泡，损坏应更换。

④ 若灯泡良好，检查警告灯电源电路、搭铁电路及其连接器，如有断路现象或腐蚀，应更换线束。

⑤ 在检查过程中，轻轻晃动线束及连接器，如果故障消失，则为接触不良引起的偶发性故障，视情况排除。

⑥ 若上述检查正常，故障可能是警告灯控制器损坏所致，应更换警告灯控制器。

（2）发动机起动后，ABS 警告灯常亮。此故障的可能原因为警告灯控制器损坏或电路断路、ABS 电子控制单元损坏。

① 检查电子控制单元与警告灯控制器之间的线束，如电路断路则更换线束。

② 检查 ABS 警告灯控制器，不正常则更换。

③ 若警告灯电路及控制器均正常，则故障在电子控制单元，应进行更换。

（3）ABS 工作异常而无故障码输出。此故障不仅和 ABS 系统有关，还与驾驶状况及路面条件有密切关系。其主要故障原因为车轮转速传感器安装不当、传感器失效或沾有异物、连接器接触不良、齿圈损坏、车轮轴承损坏、ABS 液压控制单元及电子控制单元损坏。

① 检查车轮转速传感器的安装情况，不正确需重新安装。

② 检查传感器输出信号电压，若信号电压正常，故障在液压控制单元，用 V.A.G1552 液压单元功能测试进行检查，不正常则更换。

③ 检查各个传感器，传感器损坏应更换。

④ 检查传感器齿圈，如有损坏，及时更换。

⑤ 检查车轮轴承，轴承过松或损坏，应予以调整或更换。

⑥ 在检查过程中，轻轻晃动线束及连接器，如果故障消失，则为接触不良引起的偶发性故障，视情况排除。

⑦ 断开电子控制单元连接器，检查线束端子“4”和“11”、“3”和“18”、“2”和“10”、“1”和“17”间的电阻值，应为 1.0～1.3 kΩ，若电阻值不正常，应检修连接器或更换线束。

⑧ 若上述检测结果良好，则为电子控制单元有故障，应更换电子控制单元。

（4）行驶中进行制动时，制动踏板行程过长。导致此故障的原因为制动液泄漏或系统机械部分有故障，可能是液压系统泄漏或有空气、常闭阀关闭不严、制动盘严重磨损、驻车制动调整不当所致。

① 检查制动管路及接头，如有泄漏，应按要求拧紧或修复。

② 拆检制动器，检查制动盘的磨损情况，视情况修理或更换。

③ 检查驻车制动调节装置，如不正常则应更换。

④ 对液压制动系统进行排气。

⑤ 用 V.A.G1552 液压单元功能测试检查常闭阀的密封性能，若不正常，应更换液压控制单元。

（5）行驶中需要用很大的力踩制动踏板才能实施有效制动。此故障原因是踏板自由行程调整不当、真空助力器失效或液压控制单元内常开阀有故障。

① 用 V.A.G1552 液压单元功能测试检查常开阀，若不正常，应更换液压控制单元。

② 用传统方法检查真空助力器及踏板自由行程。

故障实例分析

故障一

1. 故障现象

一辆捷达 AT 轿车在良好的路面行驶，轻踩制动，ABS 系统开始工作并且制动踏板有上下振颤的现象。

2. 故障诊断与排除

该车只有在潮湿路面上行驶时轻踩制动 ABS 可以工作，当车在干燥路面行驶，只有将制动踏板踏到底 ABS 系统才工作，轻踩制动，EBV 功能工作，而 ABS 系统不工作，不应该有上下振颤的现象。观察仪表 ABS 灯指示正常。路试急踩刹车有上下振颤的现象。用 V.A.G1552 检测 ABS 控制单元无故障码输出。根据经验拆检 4 个车轮轮速传感器，清洗后试车，故障依旧。进入 03—08—01 显示组进行路试观察实际转速，发现左后轮速与其他轮转速相差很大不正常。打开左后轮，发现齿圈与车轮有相对运动现象。使检测到的数据不准确，误认为车轮有抱死趋势，使 ABS 产生误动作。更换齿圈试车一切正常。

故障二

1. 故障现象

捷达王 AT 轿车，行驶里程 130 000km。用户反映该车底盘有异响，试车时发现该车轻踏刹车踏板时，车下部发出“咔嚓”异响。

2. 故障诊断与排除

经检查刹车系统及底盘各部位未发现异常。再次试车，认为异响是由于防抱死制动系统（ABS）出现故障所致。感觉是防抱死制动提前起作用，ABS 系统回流泵中的电磁阀开关时发出声音。

用专用故障阅读仪 V.A.G1551 进行检测，在发动机系统和 ABS 系统中均未存储故障码。然后阅读 ABS 系统的各项数据，在行车及发生故障时，各个车轮轮速正常，其他数据也均正常。再次反复试车，仍认为此前判断正确，于是决定具体从 ABS 系统的各零部件入手检查。在拆卸检查左前车轮转速传感器齿圈时，发现齿圈已被碰伤，有两个齿向内侧凹进，更换新齿圈后试车故障消除。

3. 故障分析

该车左前轮转速传感器齿圈碰伤后，有两个齿向内侧凹进，致使传感器与其他齿圈间隙增大。传感器在车辆低速轻微刹车、车轮齿圈转到碰伤部位时，不能正确感知轮速信号，ABS 系统控制单元认为该轮即将抱死，于是发出指令，使回流泵电磁阀开始工作，等车轮转过该点后，电磁阀又停止工作，于是产生响声。由于该声音与急刹车时 ABS 系统正常工作时车辆发出的响声不同，使修理人员误认为车辆底盘异响。

在车辆高速急刹车时，由于 ABS 系统各部件工作频率很快，传感器在碰伤部位感知的错误信号在整体信号中所占比例微小，可忽略不计，因此该故障异响未表现出来，同时控制单元无法判定该错误信号，因此故障未存储。

至于碰伤原因，可能是人为安装时碰伤或由于有异物在行车时溅入齿圈间隙所致。

故障三

1. 故障现象

一辆捷达王轿车行驶中踩刹车，刹车踏板突然变硬，真空助力消失。送到服务站检查发现，通往真空助力泵的助力塑料管断裂，更换真空助力塑料管，故障排除，但一个星期后，该故障又重新出现。

2. 故障诊断与排除

反复比较更换下来的真空塑料管，发现出现裂纹的位置都集中在靠近进气歧管一端，塑料管的内壁有类似被火烧过的痕迹，怀疑是发动机回火造成，但经过试车与 V.A.G1551 检测，发动机工作正常，并且即使有回火现象，造成该处损坏的可能性也极小，但试车中发现空调正面不出风。检查空调真空软管，发现经过电瓶的空调真空软管已经被磨破，而空调正面出风的真空阀门的真空力就是来自损坏的刹车真空软管，将空调真空软管更换后交车。两周内电话跟踪，未出现刹车助力消失现象，刹车真空管没有损坏，空调出风风向调节恢复，故障彻底排除。

3. 故障分析

该故障反复出现多次，主要是没有认真进行故障分析，捷达王轿车的空调真空与刹车真空助力管都是通过该塑料管取自进气歧管，经过电瓶的空调真空管泄漏后由于发动机工作吸气将电瓶硫酸蒸气吸入刹车真空助力管，造成该塑料管被腐蚀断裂。该故障隐蔽性高，威胁行车安全，应充分引起重视。

故障四

1. 故障现象

捷达车行驶不到10 000km，出现车轮抱死，行车困难。

2. 故障诊断与排除

经查看，此车制动踏板偏高，驻车制动基本正常。试车向后倒车加油时，车头上扬，不能后退。将后轮支起，用手转不动后轮。试从后轮制动分泵中放出少量制动液，制动仍不能解除。由此排除制动分泵不回油的疑点，按后轮机械故障检查。拆下后轮，用工具敲击制动鼓，直到用手可以转动。再装复轮胎（左右后轮均如此处理），然后试车，故障排除。

此故障主要是由于车辆放置过久，雨后行车未能及时排除水分或是在洗车时制动鼓进水未做处理，制动鼓生锈，与制动蹄片的间隙消失，从而产生车轮抱死的故障。遇到这种情况，可将制动鼓与制动蹄片拆下，用砂布打磨清理再装复即可解决。

故障五

1. 故障现象

一辆皇冠MS2.8轿车踩下制动踏板，制动助力不明显，再踩下制动踏板后，踏板突然向上反弹，踩踏板时感觉踏板变重，且制动力不大。

2. 故障诊断与排除

① 首先排除液压制动系统内的空气，故障依然存在。

② 分解制动主缸，检查制动主缸内壁、活塞皮碗，发现前活塞与后活塞磨损严重，皮碗整圈脱落。故在制动时，被增压后的制动液沿破损的活塞皮碗处窜回活塞皮碗后的低压油腔，使已经前移的主缸后活塞被推回，导致制动踏板反弹，踩制动踏板时感觉变重，制动效能降低。

③ 主缸内的活塞回位弹簧过软，故在制动油压增大时，会使活塞歪斜，加剧了窜油现象。更换前、后活塞的皮碗以及回位弹簧后，故障排除。

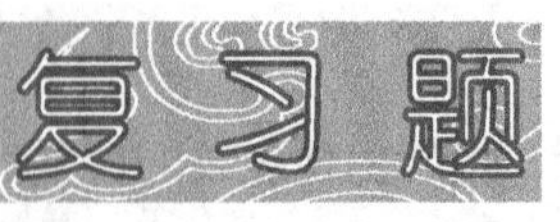

一、填空题

1. 车速达到某一高速时，车身与方向盘异常抖动，最常见的故障原因是________。
2. 传动系统有异响，异响特点是转速高，响声大，摘挡滑行，响声减弱是________异响。
3. 制动间隙过小会导致________。方向盘自由行程过大会导致________。
4. 变速器互锁装置出现故障导致________________，自锁装置出现故障导致________________。
5. 离合器的膜片弹簧过软________，膜片弹簧过硬________________。

6. 发动机在运转时挂挡困难，当发动机停转时，再挂挡时较容易，其原因________。

二、选择题

1. 松开制动踏板后，车辆行驶困难或行车无力，该现象一般称为（ ）。

   A. 制动拖滞 B. 制动失灵 C. 制动跑偏 D. 制动不良

2. 判断转向节主销后倾角的变化对汽车的行驶有何影响。

   （1）向一侧跑偏（ ）；（2）行驶不稳定，转向发飘（ ）；（3）转向沉重（ ）

   A. 变大 B. 变小 C. 左右不等 D. 左右相等

3. 汽车低速行驶时，车身振动，方向盘抖，主要原因是（ ）。

   A. 轮胎动平衡不好 B. 球头销松旷 C. 减振器失效 D. 前束过大

4. 在行驶时，换挡由于用力操作不当，造成乱挡，主要原因是（ ）。

   A. 变速杆固定螺栓松动 B. 互锁装置失效

   C. 变速杆尖端磨损 D. 齿轮磨损

5. 踩下制动踏板时有“弹力感”，原因是（ ）。

   A. 液压系统有泄漏 B. 液压系统内有空气

   C. 制动间隙过大 D. 制动总泵有故障

6. 轮胎磨损如下，判断故障原因。

   A. 前束过大 B. 前束过小 C. 外倾过大

   D. 外倾过小 E. 定位松旷

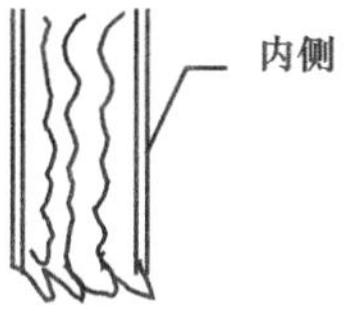

内侧 内侧

（ ） （ ） （ ）

参考文献

[1] 崔选盟. 汽车故障诊断技术 [M]. 北京：人民交通出版社，2005.

[2] 王世铮. 汽车故障诊断技术 [M]. 北京：北京理工大学出版社，2009.

[3] 曹家喆. 现代汽车检测诊断技术 [M]. 北京：清华大学出版社，2003.

[4] 赵福堂. 现代汽车检测诊断与维修 [M]. 北京：北京理工大学出版社，2005.

[5] 李春明. 汽车故障诊断方法与维修技术 [M]. 北京：北京理工大学出版社，2004.

[6] 李春明. 汽车底盘电控技术 [M]. 北京：机械工业出版社，2004.

[7] 邹小明. 汽车检测与诊断技术 [M]. 机械工业出版社，2004.